ENTERPRISE VALUE ENHANCEMENT

企业价值提升

中国企业在德投资并购系列报告

陈雷　汤拯　杨一安／著

南方日报出版社
NANFANG DAILY PRESS
中国·广州

图书在版编目（CIP）数据

企业价值提升 ： 中国企业在德投资系列报告 / 陈雷， 汤拯， 杨一安编著. — 广州 ： 南方日报出版社, 2017.10

ISBN 978-7-5491-1756-7

Ⅰ. ①企… Ⅱ. ①陈… ②汤… ③杨… Ⅲ. ①企业—对外投资—研究报告—中国 Ⅳ. ①F279.23

中国版本图书馆CIP数据核字(2017)第 250942 号

QIYE JIAZHI TISHENG

企业价值提升——中国企业在德投资系列报告

作　　者：陈雷　汤拯　杨一安
出版发行：南方日报出版社
地　　址：广州市广州大道中 289 号
出 版 人：周洪威
出版统筹：周山丹
责任编辑：杨柳青
责任校对：王　燕
责任技编：王　兰
装帧设计：邓晓童
经　　销：全国新华书店
印　　刷：广东信源彩色印务有限公司
（地址：广东省广州市番禺区南村镇南村村东兴工业园　邮编：510442）
开　　本：787 mm×1092 mm　1/16
印　　张：9
字　　数：142 千字
版　　次：2017 年 10 月第 1 版
印　　次：2017 年 10 月第 1 次印刷
定　　价：58.00 元

投稿热线：（020）87373998-0503　读者热线：（020）87373998-0502

网址：http://www.nanfangdaily.com.cn/press　http://www.southcn.com/ebook

序一

抓紧机遇，直面挑战

王卫东

今年是中德建交45周年，已过不惑之年的中德关系成熟稳健，近年来一直是中欧关系的稳定锚和领跑者。中德合作基础牢、领域宽、水平高，是发展中国家与发达国家间互利合作的典范，如同一辆混合动力的跑车，燃料足、动力强、材料新、速度快。作为中国政府派驻德国的商务参赞，我有幸亲历了最近五年中德经贸合作的深刻变化。

2014年习近平主席访德期间，中德关系被提升为全方位战略伙伴关系。全方位和战略性的一个重要体现，就是两国间的投资合作更加紧密。目前，欧盟在中国投资存量的四成来自德国企业，德国在华投资规模已超过700亿欧元，5000家德国企业在华创造了近百万的就业岗位，这足以体现中国市场对德国企业的开放度。过去五年，中国企业对德投资也取得了快速发展，中国对德新增投资占中国对欧投资额的40%，显示出中国企业对德国的青睐。中国去年首次成为德国最大的贸易伙伴，与双向投资对产业链贸易的拉动不无关系。

需要指出的是，中国对德投资还处在起步阶段，占德国吸引外资总量的比重还不到1%,与中德1700亿欧元的双边贸易规模也很不相称。中德间双向投资向更加平衡的方向发展，符合德国的利益和经济发展的需要。读者可以从本书列举的案例中看到，不少中国企业在国际化道路上勇于探索，为德国带来新的资本、新的市场渠道，不仅确保了就业岗位，而且为德国企业的可持续发展倾注力量，使很多原本前景黯淡的企业重获生机。

以中国作为世界第二大经济体的体量，中国对外投资进入快速发展期是经济发展和企业融入全球化的必然结果。然而，欧洲的一些政客却开始鼓吹中国投资威胁论，渲染中国企业的投资行为意在“掠夺”欧洲的先进技术，其背后受到国家工业战略的支持。更有甚者，个别官员还无视中欧经济发展水平的不同，一味指责中国在少数领域存在的外资准入限制，以“对等”原则要求中国完全开放市场，武断地声称中国的国有企业在国家补贴下搞不正当竞争。这些政客的偏颇论调往往以偏概全、似是而非，向公众传播错误和片面的中国形象。其本质是戴着有色眼镜看中国，把中国的发展视为威胁，中国投资者为德国经济做出的贡献显然也未得到其应有的尊重。

从这个意义上说，这本书的出版正当其时，不仅让中国企业看到在德国投资的艰辛历程和成功经验，也让德国各界人士全面地看到中国投资者的真实面貌。从这几个实际案例中我们能够看到，中国企业家在德进行投资并购之时，往往着眼长远、胸怀宽广，出发点和落脚点都是要与德国合作伙伴共同发展、互利共赢。也正是这样的心态和信念，推动着他们克服了种种难以想象的客观困难和障碍，协助并购对象企业要么携手扭亏为盈，要么共同做大做强。我希望，面对日益崛起的中国，德国的政界能够更多地看到机遇而非威胁。至于竞争带来的挑战，我相信德国的优秀企业不仅不会畏惧，而是会把竞争看做自身技术进步的动力！

（作者系中国驻德使馆经商处公使衔参赞）

序二

在“全球化”进程中实现双赢

赫尔曼·西蒙

何为现今最重要的经济趋势？于我而言，无疑是全球化。1900年，全球人均出口额仅为6美元，这一数值在2016年达到了2081美元，尽管全球人口比1900年增加了五倍之多，但这一数值也是相当惊人的。其间，中国于2009年成为世界头号出口大国。然而，当我们专注于出口时，却往往忽视了全球化的另一个特征——跨国兼并购（Cross-border M&A）和对外直接投资（FDI）。自中国改革开放以来，德国企业就在中国积极开拓商业机会。然而，中国企业在德国严格意义上的跨国并购活动则是近期才出现的。直到2016年，中国在德国的直接投资才首次超过德国在中国的直接投资。中国境外投资的迅猛增长同时也引起了广泛的社会关注。就德国而言，政商界人士、媒体和公众对中国投资的反应不一。 德国企业会被中国人接管吗？中国人是否会帮助德国人，尤其是德国中型企业在全球化方面有更好的表现，并帮助其打开中国这一巨大市场？

事实是，在你阅读这份报告之前，这些问题的答案你都是找不到的。尽管目前去评判诸如美的收购库卡或中国化工集团收购克劳斯-玛菲等近期收购案例是否会成功还为时尚早，但是中国在德收购的成功案例确实是有据可循的。本报告深入研究了如下三个案例，这三个案例均有其成功整合的历史，使我们可以对其充分评估：上工申贝2005年收购工业缝纫机行业的隐形冠军——杜克普爱华（Dürkopp Adler），以及随后在同一行业进行的一系列收购；均胜电子2011年收购汽车供应商普瑞（Preh）以及随后对更专业的供应商的一系列收购；中集集团2013年收购已破产的欧洲最大消防车公司齐格勒（Ziegler）。

此书水平之高，足以与哈佛商学院的案例相媲美。更为重要的是，它揭开了中国企业成功并购案例的神秘面纱。杜克普爱华和齐格勒都曾深陷泥沼，而今又蓬勃发展。于我而言，中国企业家相较于美国的收购者来说，无疑在对待自己刚刚接手的新企业时显得更加谨慎和精明。他们很明白这些德国中型企业存在潜在的巨大价值，并愿意保存其原有企业文化。尽管我曾仔细研究过德国企业被中国投资者收购后的发展历程，但我必须承认，这份报告使我眼界大开。我虽无法确定上述三个案例是否具有代表性，但是我常常会从不同渠道获悉对其他中国收购案例的类似正面评价，比如对三一重工2012年收购普茨迈斯特（Putzmeister）或对潍柴动力于2013年成为凯傲（Kion）主要投资人的评价。

这份报告使我确信，中德合作潜力巨大。该报告中的三个案例清晰地展现了双赢的局面。我希望这份报告可以广泛传播，因为对参与各方更深层次的全面了解是在全球化世界中实现和平与成功发展的必要条件。

（作者系隐形冠军之父，西蒙顾和管理咨询公司荣誉主席）

自序

挑战者

陈雷　汤拯　杨一安

2008年1月，《经济学人》杂志在一篇题为《挑战者》的文章中描述了来自新兴经济体的跨国企业的崛起。近十年后的今天，中国企业在德国的跨境并购和价值创造方兴未艾。我们特意选择“挑战者”这个名称作为分析中国企业在德国进行并购投资的系列报告书的序言标题，并表达我们对勇于走向海外的中国企业和中国企业家们的敬意。

自从新兴市场公司登上全球舞台，其在跨境投资并购领域已经取得了令人瞩目的进展，但随之而来的是很多国家质疑全球化的声音。虽然我们不打算预测未来，但我们相信，通过分析和反思过去发生的事情，我们可以获得关于未来发展的重要线索。为了更具说服力，我们对中国企业在德国进行的一系列并购活动进行了详细的调查。这份报告超越了单纯对交易本身这一公众关注焦点的分析。我们把目光投向交易完成后发生的故事，并致力于解答如下的问题：并购是否为股东创造了价值？这些交易给收购方和被收购方带来了哪些好处？德国企业是否在中国“挑战者”掌舵后采取了不同的发展模式？类似的问题不胜枚举，而且随着时间的推移，这些题设和答案也会不断变化。

在过去的20年间，越来越多的中国企业通过海外投资追逐战略资产，并将业务拓展到新的地区和行业。尽管以联想、TCL等为代表的诸多海外投资的先行者在备受关注的跨境投资中的结果喜忧参半，中国企业“走出去”的热情却从未消退。特别是近年来，不同规模和背景的中国企业都以并购为主要形式参与到了全球化的浪潮中。

欧洲是中国企业对外投资的重要目的地之一，而德国更是受到中国投资者的青睐。自2014年以来，以投资项目数量计，中国已连续两年成为德国对外直接投资（FDI）最大的投资者，交易规模也在稳步攀升。值得注意的是，早年中国企业在德国的投资主要集中在制造业领域，如今投资目标已经扩大到更广泛的行业。我们预计未来几年，德国将迎来更多的中国企业投资并购。鉴于德国在中国海外并购中所扮演的核心角色，本报告的分析可以为中国投资者获取在并购后的整合理念及在价值创造战略方面提供有益的借鉴。

到目前为止，德国媒体对这一话题的报道主要集中在中国企业的并购动机，并购对德国劳动力市场的影响，以及对国家安全的潜在威胁等方面，但很少深入关注和了解并购后母子公司的业务增长，尤其是在并购整合过程中和整合完成后的业务增长。事实上，中国投资者十分关注提高被收购资产以及母公司企业内生价值的提升。

这一系列的报告将以一手信息为基础，揭示中国企业并购德国企业后的增长和价值创造模式。我们提出有四种可能的价值创造途径：

- 传统意义上的合并后整合：合并和重组双方的业务，提高效率，获得协同效益。它通常包括战略、商业、系统、组织、人力资源和企业文化的整合。
- 本地市场扩张：扩大本地市场的现有业务，或进入新市场的细分市场（新产品或新地域）。
- 海外市场拓展：通过广泛运用市场经验和收购目标的现有资源和网络，拓展更多的海外市场。
- 商业模式创新：改变商业模式，探索新的商业领域，开发创新产品和定价模式。

近年来的经验显示，来自新兴经济体的投资者试图通过在发达经济体内进行并购，从中获取关键的战略资产。这些战略资产构成了被购方的竞争优势，可以包括多个方面，例如先进技术、管理经验、创新管理、品牌效益以及优质的客户和渠道资源等。与美国投资者不同，以来自中国为代表的新兴市场投资者往往倾向于在并购后的整合中采用类似“合伙人”式的管理方式，基本保留被购方原有的组织架构和核心管理层。不仅如此，被留任的管理层还常常被委以经营管理重任并享有高度自治权。这样的安排在现阶段是明智的，因为中国收购方在国际商业管理方面的经验往往较为欠缺，对收购对象的经营环境也不太熟悉。“合伙人”式的管理方法取信于企业管理的关键人员，但同时对企业内部的管理协同提出了更高的要求。

在筹备这次报告的过程中我们研究了若干具有不同背景的代表性案例。其中有的是进行了一系列收购的国有企业，有的则是通过战略投资和扩张迅速成为全球行业领军者的民营企业。我们希望通过中立的分析剖析事实真相，消除对中国投资者的误解，并为全球化时代下的跨国并购提供有用的见解。为了了解事情的全貌，我们对参加调研企业的不同岗位的高级经理和相关人士进行了一系列的访谈，探究他们采取的价值创造战略和增长模式。我们与受访人重点讨论了以下几个方面的话题：

- 公司治理：并购后的企业治理模式。
- 业务整合：短中期的企业效率提升。
- 发展战略：中长期的增长驱动力与增长路径。

除了定性的采访外，我们还利用可获取的数据进行了定量分析，对中国收购方和德国被购方的财务和运营业绩进行调查，交叉验证采访结果。

我们坚信，在可预见的未来，中国企业在德国投资并购的趋势将继续下去。本系列报告旨在发现总结中国企业在德国并购投资价值创造路径的发展趋势，在继续跟进已调查案例的同时，也会在适当的时候增添新案例。我们的愿景是为中德商界创造更加透明的合作和知识交流平台、传播推广并购后企业治理运营及业务发展战略方面的有益经验。

（2017年10月写于德国法兰克福）

目录
CONTENTS

中国在德并购活动概述

赫尔曼·西蒙是公认的继彼得·德鲁克后德语区最具影响力的管理学大师。他曾预言21世纪是全球化的世纪。尽管最近一段时间在世界各地出现了各种各样的阻碍，但全球化是大势所趋的局面并未发生变化。着眼于长期的成功，企业必须在由中国、欧盟和美国这几个世界经济的支柱市场中有所建树。

与西方企业相比，中国企业在国际化方面显然起步较晚。由于缺乏经验和管理经营不善，早期的一些试水者罕有成功。但这种情况正在发生改变。以华为为代表的中国企业近年来在拓展国际市场中取得了令人瞩目的成就。

除了广为人知的大公司外，许多不知名的中小型公司其实也在全球经济一体化的进程中扮演着积极的角色。在这方面，德国与中国颇为相似。中小企业是这两个出口大国全球化的强大动力来源（图1）。约68%的中国出口额来自少于2000名雇员的公司，类似的，约70%的德国出口额来自德国的中型企业。

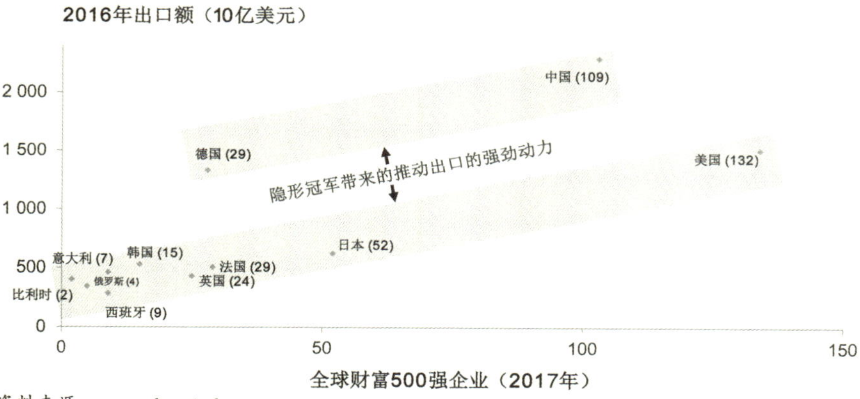

资料来源：www.destatis.de

图1：出口表现与财富500强企业数量对比

外向型的经济以及在特定领域的技术积累使得德国公司成为中国企业在寻求海外发展机会时首选的兼并购和合作对象。在本章接下来的内容中，我们将首先回顾中国企业走出国门的历史背景，然后讨论德国作为最受中国投资者欢迎的投资地之一这一现象，以及最近重塑在德并购活动格局的诸多趋势，最后总结德国和中国在外国直接投资方面的政策和法律环境。

中国走向世界

在深入探讨中国在德近期并购活动之前，我们先简要介绍跨境并购的背景，以及德国作为投资对象国的重要性。到目前为止，世界范围内至少出现了四次全球化浪潮。首先是美国从20世纪初就开始进入欧洲寻求投资机会，然后是20世纪60年代欧洲开始大规模走向海外，接着是20世纪70年代的日本，以及20世纪80年代的韩国和中国台湾掀起的海外投资和并购浪潮。近年来，并购更是成为了跨国公司实现海外扩张的主要方式之一。

新千年是全球海外直接投资格局的一个转折点，来自新兴经济体的企业开始作为投资者更加积极地参与其中。中国通过对外直接投资来加速其全球化进程是其中一个典型的例子。

2016年，中国跨境并购投资总额达到2180亿美元，超过美国（1890亿美元），首次成为跨境并购投资的最大输出国。相较2015年，2016年中国对外投资额翻了一倍以上，而同期美国对外投资则下降了15%。此外，中国企业（3.02亿美元）在2016年的平均交易规模也超过了美国企业（1.31亿美元）。

普遍认为中国政府的支持对于中国海外投资的激增起到了关键作用，从许多海外投资都能看到中国政府培育民族品牌和全球化企业战略的缩影。这项战略的核心是鼓励中国企业走向海外投资的“走出去”政策。这项最早与1999年提出的政策随着时间的推移逐渐形成了一系列涉及广泛的政策，并在从中央到省级，一直到地市级的各级政府中得到了贯彻执行。政府对合格投资者（通常是有较好基础的实体企业）的鼓励和支持又助推了这类投资者的产生和壮大。

受政府激励措施的推动，中国企业越来越多地关注全球市场。他们倾向于通过跨国并购来寻求如管理经验、国际市场知识和先进技术等战略资产，从而谋求快速实现国际扩张。获得先进外国公司的所有权可以使得中国投资者同时获得许多有助于企业运营和发展的关键能力，而这些关键能力往往很难通过除企业并购之外的方式获得，同时通过并购和之后对关键能力的吸收、整合、传播和应用也进一步提升了中国企业的学习能力。

以收购战略资产为目标的中国企业将发达经济体的企业作为优先考虑的对象，其中德国企业尤为受到中国投资者的偏爱。除了德国制造代表高质量和严谨这类耳熟能详的优点外，德国作为投资对象国确实有其先天优势。首先，德国拥有深厚的制造业基础，可以为不同规模的投资者提供广泛潜在收购目标的选择。值得一提的是，很多德国制造型企业都是所谓的隐形冠军企业，这类企业深受投资人追捧。所谓隐形冠军是指一群特殊的、因高度专业化而成功的中小型企业。赫尔曼·西蒙教授在20世纪90年代首次提出了这个概念。这些企业在各自的行业中通常都是全球范围内绝对的市场领军者，同时又对外保持低调。有意思的是，全球有半数的隐形冠军都来自德国或德语区国家。其次，德国企业在众多技术领域具备强大的研发能力，并拥有与工业4.0、生物制药、电动汽车等热门领域的大量关键专业知识，是渴望提升产业价值链的中国企业迫切需要的战略资产。最后，众多发展壮大的中国企业在转型升级中需要借助优质海外标的提升自己的经济附加值已经成为趋势，德国许多企业符合中国企业对于战略资产的定义。可以预见，在未来几年，德国仍将是中国企业跨国兼并购的热土。

与以追求效率提升、获取资源和寻求市场为目标的海外并购不同，以谋求获取战略资产为目标的海外并购整合难度更大，通常需要更长的时间才能显现并购的效果。中国投资者往往极富耐心，不急于在短期内变现海外投资。中国企业不仅技术储备相对有限，创新能力和国际经验相对匮乏，而且还受到学习吸收能力的限制，消化新技术和知识并转化于商用需要一定的时间。根据我们的观察，中国投资者在跨境并购交易后的整合过程中常常会采用一种较温和的类似“合伙人”式的管理方式。中国投资者会在很大程度上保留被收购企业的原有管理层。在大多数情况下，他们只会从国内派遣少数经理人临时填补某些管理岗位的空缺。据我们所知，此情形下外派的经理人大多负责财务或内控方面的工作，或者充当中德双方信息的传递者和协调者。我们从许多过往的案例中观察到，无论中方驻德代表在国内级别有多高，他们往往倾向于被要求不积极参与被收购企业的日常运营。事实上，无论是在内部还是外部，他们都似乎满足于被视为中德之间的“桥梁”。类似的定位在许多韩国跨国公司驻外人员身上也能看到。尽管近年来中国投资者很少直接介入被收购的德国企业的运营管理，但根据以往的研究显示，中国投资企业的首席执行官（CEO）的参与对中国企业在欧洲并购的成功至关重要，然而他们究竟是以何种方式参与并且发挥怎样的作用往往不为外界所知。本书将介绍一些参与国际并购的中国企业的CEO和高管，勾勒他们的愿景和领导力对完成并购交易和随后的价值创造战略的影响，以及他们如何提升作为收购方的母公司的学习吸收能力，并将在今后的系列报告中对调研企业的整合和业务增长战略进行跟踪报告和分析。

本书尝试将国有企业和私营企业进行对比。传统观点认为，国有企业很大一部分竞争力来源于其政府资源，而私营企业必须更多依靠在技术和营销方面的能力进行竞争才能取得成功。此外，私营企业在市场定位和创新方面更有效率，在管理和决策方面也更加灵活，更具自主性。这意味着私营企业可能在海外市场更具竞争力，能够比国有企业更有效地整合目标公司，从而实现更高的绩效水平。我们认为，私营企业是否具有优越性还有待时间验证，但是所有制结构的不同或对并购后整合和增长战略的选择和执行产生一定影响。

投资的热土——德国

伴随2000年左右“走出去”政策的推出，中国企业的跨境并购活动开始活跃起来。相较而言，中国在德国的投资活动启动较迟。

中国在德国的海外投资和并购活动的数量和规模在2010年前后出现显著上升（图2）。中国企业显然受益于全球金融危机之后欧洲企业疲弱的财务状况，使其能够加快进入欧洲的步伐。

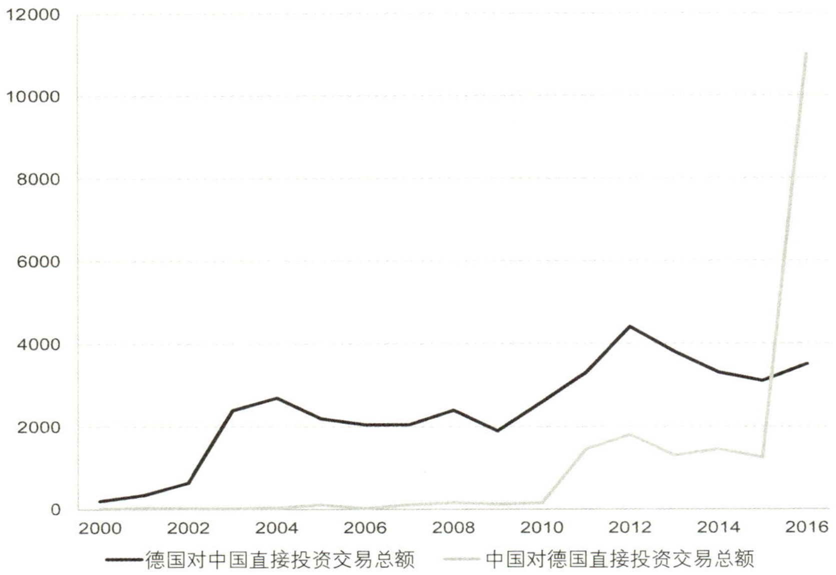

资料来源：西蒙顾和，依据Merics评估（2017年1月，Rhodium Group）

图2a：2000年至2016年中德对外直接投资交易总额（单位：百万欧元）

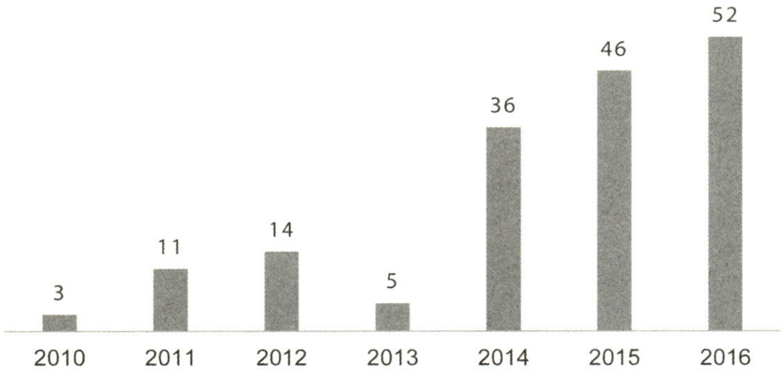

资料来源：M&A China/Deutschland

图2b：2000年至2016年中国在德投资并购交易数量

2016年德国在吸引中国投资方面取得显著进步，以高达110亿欧元的投资额成为中国企业在欧洲直接投资的最大接收国，占中国在欧洲直接投资总额的31%。同年出现了好几笔令人关注的中德并购大单：美的以44亿欧元收购机器人制造商库卡；北控集团以14亿欧元的价格收购德国垃圾发电领域的最大供应商EEW能源；中国化工集团以9.25亿欧元的价格将注塑机生产商克劳斯-玛菲收入囊中。此外，2016年这一波大幅增长同时也意味着中国对德直接投资金额首次超过德国在华的直接投资金额。两国间直接投资的风向性转变也使得中资企业在德投资成为德国政界关注的一个政策性话题。

中国政府推出的扩张性的财政和货币政策很大程度上推动了中国企业走向海外，包括对德投资的激增。为了在全球金融危机中保持相对稳定的国内生产总值（GDP）增长，中华人民共和国国务院在2008年11月9日宣布推出了一项价值4万亿人民币的经济刺激计划。该刺激计划的规模相当于中国2008年GDP的14%。当时中国的预算赤字非常低，哪怕是在刺激计划推出后，中国的债务也只相当于GDP的20%。与此同时，中国人民银行启动了一项持续至今的扩张性货币政策。例如，在2009年上半年，银行信贷额就增加了7.3万亿元人民币，超额完成了原定的年度目标，这一举措使得金融市场充斥大量流动资本。由于缺乏本地投资机会，廉价信贷涌入海外投资市场。此外，中国内地资本市场对上市公司较高的估值也进一步加速了中国企业“走出去”的步伐。近来，海外投资也被认为是应对人民币贬值猜测的一种有效的对冲工具。

扩张性的财政和货币政策使中国的经济增长引擎在全球金融危机中逆市发力，中国2010年GDP增长率达到10.6%。然而自2013年起中国经济增长明显放缓（图3），低速稳定增长成了新常态。国际货币基金组织预计，随着国民经济重心向消费和服务业倾斜，中国长期经济增长率将保持在6%左右。

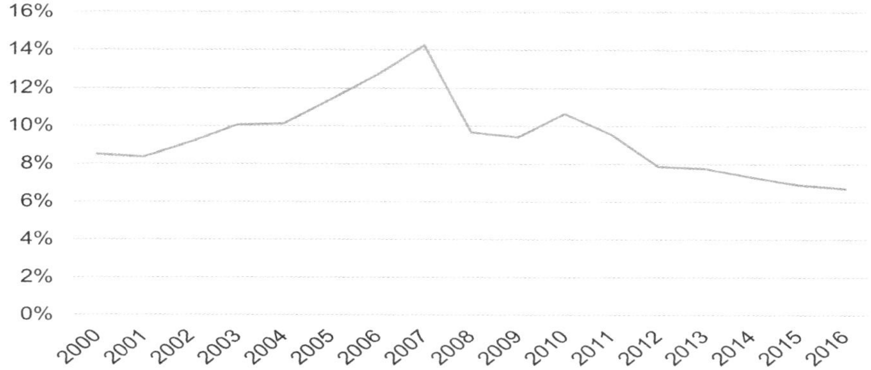

资料来源：www.tradingeconomics.com；中国国家统计局

图3：2000年至2016年中国国内生产总值增长率

近年来，人力成本的上升使中国逐渐失去了在传统低成本制造方面的优势，很多生产基地被迫迁往越南和孟加拉国等生产成本更低的东南亚国家。中国的低端制造业遭遇发展瓶颈。然而从更积极的角度来看，新兴的中产阶级已经积累了大量的购买力，对高品质商品的需求也相应提升。许多中国企业寄希望于通过跨境并购获得关键技术和知识并转移到中国，以满足客户不断变化的需求，并在高端市场上拥有竞争优势。如此看来，跨境并购深受国人信赖的德国企业不失为适应时代潮流的明智之举。

历史上，国有企业在对外投资并购这一领域中占据主导地位。然而近些年来，私营企业在海外并购的交易量呈明显的上升趋势。这一趋势在德国也有所体现。同时期中资企业在德国并购活动无论是交易数量，还是交易金额总量都出现了十分迅速的增长。表1中列出了2016年广受关注的中资在德国并购交易部分案例。值得一提的是，在列出的这12宗交易中有一半的中资收购方为私营企业。

表1：2016年广受关注的中资在德国并购交易案例

被购方	所处行业	收购方	收购方企业性质	交易金额（单位：百万欧元）
KUKA AG（2017年初完成交易）	制造	美的集团股份有限公司	私营企业	4500
EEW Energy from Waste GmbH	能源	北京控股集团有限公司	国有企业	1411
Kraussmaffei Group GmbH	制造	中国化工集团公司	国有企业	925
Aixtron SE（交易被叫停）	科技	福建宏芯投资基金	国有企业	665
Nordic Yards	制造	云顶香港有限公司	私营企业	221
TechniSat Automotive	制造	宁波均胜电子股份有限公司	私营企业	209
Bilfinger SE-Water Tech Unit	制造	成都天翔环境股份有限公司	私营企业	90
Manz AG	科技	上海电气集团股份有限公司	国有企业	不详

（续上表）

被购方	所处行业	收购方	收购方企业性质	交易金额（单位：百万欧元）
Medisana AG	生命科学	厦门蒙发利科技（集团）股份有限公司	私营企业	不详
Windmw GmbH	能源	中国长江三峡集团公司	国有企业	不详
Schimmel Pianofortefabrik	制成品	珠江钢琴集团股份有限公司	国有企业	不详
Crelux GmbH	生命科学	药明康德生物技术有限公司	私营企业	不详

资料来源：西蒙顾和案头调查

中资企业在选择并购目标时倾向于聚焦在“热门”和“流行”的行业上，例如：智能制造、信息传输、软件和信息技术服务业等。这与中资企业的产业重组升级以及在全球价值链上的战略部署紧密相关。

在2010年之前，约七成在德进行并购的中国投资流向了制造业，尤其是装备制造业。而随着参与在德并购的中资企业数量的增长，被收购的德方企业所处的行业趋分散化，这种趋势也同时伴随着中方在传统热门行业（如制造业和汽车零配件行业）投资的有所减少。相比之下，为了满足中国新兴中产阶级日渐增长的消费需求，中资企业对德国消费品和生命科学行业的投资开始上升（表2和图4）。

表2：2014年至2016年中资在德并购交易所选行业的变化（交易数量）

年份	汽车	生物技术	电商	能源	IT/互联网	消费品	机械	资源回收	酒店	其他
2014	11	0	0	4	0	1	8	4	2	6
2015	7	1	1	1	2	6	10	3	2	13
2016	6	4	1	4	4	2	15	2	0	14

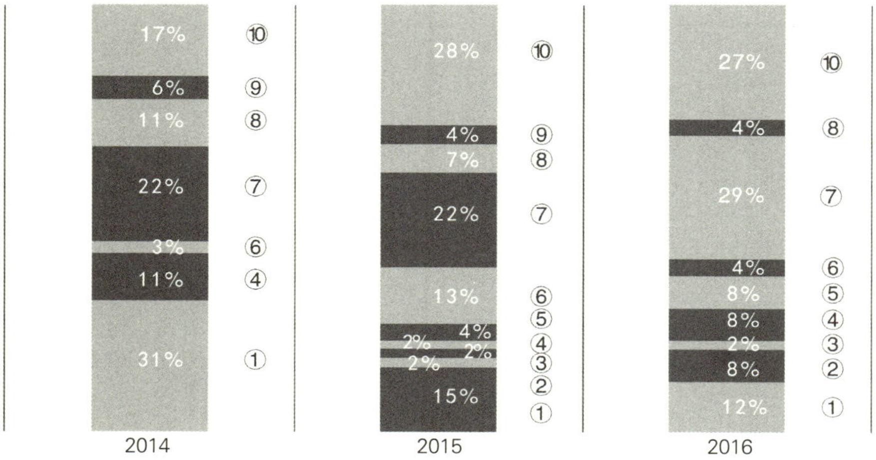

①汽车 ②生物技术 ③电商 ④能源 ⑤IT/互联网 ⑥消费品 ⑦机械 ⑧资源回收 ⑨酒店 ⑩其他

资料来源：西蒙顾和案头调查

图4：2014年至2016年中资在德并购交易所选行业的变化（百分比）

德国并购环境概览

回顾欧洲历史，来自某一国家或地区的外资大量涌入并非新鲜事。每一次外资涌入都多多少少引起当地社会的不安，上至政府层面关于国家主权的考虑，下至企业对这些所谓的入侵者带来的竞争威胁的担忧。在20世纪六七十年代，欧盟经济共同体刚成立伊始，来自海外的投资主体是美国投资者。凭借着优越的技术和管理方式，有欧洲人认为美国投资者将会击垮欧洲本土企业，其中不乏反对的声音。事后证明担忧是多余的。许多欧洲企业受益于美国竞争者带来的技术和知识，提升了本土的就业情况和科研活动的水平，最初的反对声音也随着时间推移渐渐削弱。

20世纪八九十年代，日本和韩国的企业试图绕过欧盟的高关税而直接在欧洲共同市场设厂投资，引起了欧洲各国政府和本土企业一定程度的担忧。

尤其是日本的企业被认为对德国的制造业造成了严峻的威胁。凭借着先进的生产技术和优越的产品性价比，日本汽车企业无论在出口市场还是在德国本土市场都对德国的汽车企业带来了巨大的冲击。这种现象在其他制造业领域中更为明显：例如在影像、电子和光学元件的制造业中，日本企业击垮了很多屹立多年的德国知名企业。然而相对他们的进口金额来说，来自这些日韩外商的直接投资金额仍然显得微不足道。

对于以往得益于全球化和自由贸易的德国工业来说，日韩企业的兴起为其敲响了警钟。20世纪50年代初，德国充分利用本土高素质同时相对廉价的劳工以及开放的市场来发展出口业，尤其是出口至美国和英国。然而随着20世纪70年代中劳工成本的上涨和创新能力的减弱，德国企业逐渐丧失了其竞争优势。在这种背景下，难免有人揣测德国或将执行更加保守的经济政策。然而，开放的市场对德国经济发展利大于弊的观点依然占得上风，德国对外资保持开放的政策得以保留。随着欧盟一体化和市场自由化的推进，这一开放政策得到了进一步的加强。虽然时不时有人提出要提高外商投资门槛保护德国本地工业，但这些呼吁从来没有真正得到过主流社会的关注。

我们注意到中国投资者在考察并购对象的时候往往会优先考虑拥有先进技术但遇到财务困难的企业。在并购此类企业的时候，卖方关注的是投资者收购企业后是否会维存企业运营，是否能够保障相当数量的就业岗位。因此此类企业估值适中，且德方对投资者期望较合理。对于中国投资者来说，风险也比较可控，最坏的情况也可以将收购的固定资产变卖套现，而潜在的收获则是巨大的。被收购的企业一方面可以为投资者在中国的继续发展提供关键技术支持和应用，另一方面也可以为中国的产品进入欧洲市场提供平台，又或在生产中用较为廉价的中国生产的零配件取代价格昂贵的德国零配件，从而降低成本。

同时，德国众多的中型企业也是吸引中国投资者的一个关键因素。中型企业，通常也是家族企业，是德国经济的支柱。很多成功的企业在各自的细分市场中占据领先地位，盈利性很强。同时由于本地市场产品潜力的局限使得他们早早开始国际化，积累了与海外客户和合作伙伴的合作经验。中国经济的迅速增长和转型升级为这些中型企业的产品和技术提供了巨大的发展空间。这一点，从德国对中国的出口和直接投资多年来一直稳定增长上就可以略见一斑。相比之下，中国对德国的投资还有巨大的增长空间。2016年迎来中国企业对德投资的一轮高峰，无论在数量还是金额上均增速迅猛，德国民众开始对中资进入德国表示担忧。实际上，中国政府从2016年底起实施了限制资金出境等一系列调控政策后，中国投资者的跨境并购已经有所降温，并购更多转向战略投资，纯金融投资大为减少。此外，美国政府已经明确表明其对于自由贸易的不同立场，并强烈抨击德国对美国的贸易顺差。德国处在一个非常微妙的境地：美国是否还愿意扮演德国产品净进口的角色？在与美贸易受损的情况下，德国是否可以找到其他合适的合作伙伴国在一定程度上填补美国的空缺？中国作为德国最大的贸易和经济合作伙伴，在寻找平衡双方对于双边贸易和投资的公平性上的看法依旧是重大挑战。

总体来说，德国有着完善的法律体系，涉及外资收购本土企业的政策较为温和，但某些特定行业除外。比如说军事工业，当外资尝试收购超过该领域企业25%的所有权时，交易都须经过德国政府的审核和批准。而在收购银行和金融服务业企业的所有权超过10%时，收购方需告知公众并且等候金融监管部门的批准。在保险业中也有着相似的监管政策。与此同时，在能源补给业、电信业、交通运输业，以及涉及自然能源的行业中，涉及资产转移（非所有权转移）的交易须向德国政府相关部门报批。另外，在收购对该行业影响巨大的企业时，向政府报批和接受审核也是德国法律规定的义务。

欧盟对外商直接投资监管

感谢致同会计事务所合伙人Robert Binder先生及其团队提供本章节内容。

I. 欧盟并购监管

欧盟兼并管理条例（FKVO）的核心目的是维护市场有效竞争。截至2017年4月底，在5228件通过审计的外资兼并交易中，仅有24宗依据

FKVO被叫停。

在控制股权的收购交易中，营业额是一项非常重要的考量因素。一旦买卖双方的财政年度营业额总和达到50亿欧元的门槛，双方必须按照FKVO的规定对此笔交易进行登记。另外，欧盟兼并管理委员会将对收购完成后对市场带来的影响进行评估。市场（分产品市场和地理市场）、技术、法律等各方面因素都会被纳入委员会的考虑范围之内。

适用于FKVO的交易必须通过在委员会的登记、审核和批准程序才可得以执行。在审核阶段中，委员会首先会通过一个初步评估来判断此笔交易是否符合市场条件。如果结论是否定的，委员会将再进行一个深度评估来做最终决定。深度评估的结果必须在交易登记后90天之内给出。

II. 德国并购监管

假如一笔交易未能达到前面所述的营业额门槛，又或者交易性质决定了欧盟兼并管理条例不适用，其所在国家需评估该笔交易是否需要在该国进行登记。

相比起欧盟兼并管理条例，德国兼并管理条例的管辖范围更广泛，主要是因为其设定的营业额门槛更低，即合并后收入超过5亿欧元。同时德国兼并管理条例规定的适用条件是交易参与的第一方在德国的年营业额必须在2500万欧元以上，第二方在德国的营业额则需超过500万欧元。

一笔达到了营业额门槛的并购交易也同时受反限制竞争法案（ARC）的约束。也就是说，相关交易只有在通过了德国联邦竞争监管机构（Bundeskartellamt）与FKVO类似机构的审核后才能执行。

在初步评估阶段，德国联邦竞争监管机构须在1个月之内做出是批准交易还是对交易进行深度评估的决定。假如德国联邦竞争监管机构通过初步评估认定交易可行，参与交易的企业会收到一封书面的无争议信件。假如出于任何原因交易被认定不可行，联邦竞争监管机构将启动深度评估并通过行政通知的方式知会相关企业。

德国联邦竞争监管机构必须在交易登记后的四个月内做出裁决。德国经济部有权但只在极罕见情况下推翻联邦竞争监管机构的否定裁决。而一旦联邦竞争监管机构批准了某项交易，德国经济部则无权否决。

中国企业在德并购案例

本章节重点介绍三个中国企业在德国投资并购的成功案例。案例基于关键人物访谈以及参与公司提供的数据等一手信息撰写。同时，我们引用部分已经发表的第三方信息，例如之前的采访和报告等形式。尽管各个参与公司的代表已经审阅过本章节中的案例，但依然无法保证所有的描述均100%准确，如有任何疏漏均为作者责任。

本章节的案例分析旨在与更广泛的读者群体分享信息。出于此种目的，作者将以通俗易懂的语言进行描述，并且对一些繁琐的以及只能激起某些有着特殊知识背景读者兴趣的细节进行适当的省略。

表3：本章节案例的关键信息

标的公司	行业	前任所有者	收购情况		收购企业所有制	标的公司年营业额（单位：百万欧元）	
			收购时间	收购企业		收购前	2016财年
杜克普爱华 Dürkpopp Adler	工业缝纫机	舍弗勒集团	2005年	上工申贝	国有企业	102	182*
普瑞 Preh	汽车电子	私募基金DBAG	2011年	均胜电子	私营企业	412	1176*
齐格勒 Ziegler	消防设备	破产清算中	2013年	中集集团	国有企业	168	220

*：包括后收购企业营业收入

案例分析将按照表3中给出的顺序进行描述，即被收购公司名称的字母顺序。

上工欧洲：长风破浪会有时

关键词：先行者，连环投资者，国有企业，转型，德国上市公司收购首例

I. 案例引言和概要

“比勒菲尔德根本不存在。”

这个从1994年起就在互联网上广为流传的笑话至今还是比勒菲尔德当地人茶余饭后的谈资。

10多年前当郑莹女士离开上海远赴德国这个存在感不强的小镇的时候，她大概没料到上工申贝集团在2005年从FAG（Fischers Aktien Gesellschaft）手中收购德国企业Dürkopp Adler（下文简称“DA”）只是她和集团在欧洲旅程的开始。

熟悉这件事情的人大多认为这是一起大胆的收购。的确，这是首次中资国资企业收购一家德国上市公司。况且当时两家企业的形势都不太尽如人意。上工申贝集团在2004年年底才刚刚经过重组，由两家轻工系统的国企上工（Shanghai Industrial Sewing Machine Company）和申贝（Shanghai Movie and Photo Industry Corporation）合并成立，百废待兴。曾在申贝担任总经理的张敏先生挑起重担，出任新成立的集团公司的董事长、法人代表兼CEO。在计划经济转型市场经济的时代大背景下，上工申贝与许多国企一样，面临来自低成本的私营企业和技术领先的国外公司的双重挑战，在激烈的竞争环境中，其生存空间被逐步压缩。为了赢得生存的机会，新成立的上工申贝集团背负保全国有资产和保障数千员工就业岗位的责任，急需寻找新的突破口。众里寻她千百度，最终的解决方案原来在上工申贝整合时就已埋下种子——收购一家远在千里之外的德国家族企业。

上工股份在与申贝整合之前就开始了与DA的接触和关于收购的洽谈。DA是一家传统的德国中型企业，有超过100年的历史。DA品牌在业界享有盛誉，被誉为工业缝纫行业中的奔驰宝马。然而在进入21世纪之后，随着下游市场的震荡调整，DA品牌的荣光开始褪色。欧洲各主要成衣市场增长

出现停滞。更为糟糕的是，高端成衣品牌纷纷将生产基地转移到以中国为代表的亚洲低成本国家。随着制衣市场东进，许多上游厂商遭遇巨大的运营压力，面临倒闭之虞。一些悲观的人甚至断言欧洲制衣产业已经成为实际上的夕阳行业。

在完成对DA的收购时，不管是上工申贝还是DA，业务都处于爬坡期。有鉴于此，上工申贝的CEO张敏先生低调而明智地将收购的目标定为让企业生存下来。12年后，上工申贝不仅生存了下来，而且发展蒸蒸日上。其市值在2005—2017年之间翻了八倍，DA的市值在同期翻了十倍，实现了双赢。这12年间，企业经历了起起伏伏，达到今天的成就实属不易，尤其是在2008年金融危机后，DA资金链十分紧张，一度接近倒闭。但在上工申贝和DA的共同努力下，终于化险为夷。

12年前，有谁能预见DA只是上工申贝在欧洲拓荒的第一站？在2005年收购DA并挺过2008—2009年间的金融危机之后，上工申贝又在2013年再次出击，收购了德国百福工业系统与机械股份有限公司和KSL，在2015年又成功投资了Stoll。12年间，上工申贝涅槃重生，旗下融汇诸多知名工业缝纫机品牌，几乎所有的欧洲奢侈服装品牌都是上工申贝的忠实客户。同时，上工申贝缝制了全球90%的高端汽车座，甚至以3D缝纫机器人参与中国航空业发展，为中国飞机制造商生产立体结构件。着眼未来，上工申贝正在着手积极布局缝纫机器人和工业4.0智能缝纫系统等高科技，力争在下一个行业发展的浪潮中赢得先机。

Ⅱ.收购背景

尽管上工申贝和DA存在诸多区别，但它们有一个共通之处：它们都深受时代发展和行业变迁的影响。从这个角度来看，这起中德企业的联姻存在它的合理性和必然性。

上工申贝集团的前身是计划经济时代在上海诞生的两家国有轻工业企业。一家是上海工业缝纫机股份有限公司，简称上工；另一家是上海市电影照相器材工业公司，英文首字母简称SMPIC（用上海洋泾浜的方式来读音似“申贝”）。上工申贝（SGSB）这个名字由两家企业的缩写构成。“SG”来自上工的拼音，“SB”来自“SMPIC”，乍一看似乎很难理解，这实际上是“ShenBei”的缩写。两家公司在合并前都有着光辉的历史。

上工于1993年9月在上海证券交易所上市，是中国缝纫机企业上市第一股，其前身是创立于1965年10月的上海工业缝纫机厂。1997年8月，企业改名为上工股份有限公司。自2000年底以来，上工旗下拥有“蝴蝶”“飞人”和“蜜蜂”等多家上海本地的知名家用缝纫机品牌。

在2004年进行的一场国有资产重组中，上工的股东权益由上海轻工转移到浦东新区国资委。为盘活国有资产，申贝的资产被整合到上工，公司更名为上工申贝股份有限公司。申贝的经理人张敏先生被任命为新公司的董事长。

在与上工合并前，申贝也经历过一系列的资产整合和调整。申贝的前身是上海打印机厂，于1964年生产出了中国第一台打印机。1973年企业更名为上海市电影照相器材工业公司。14年后，再次更名为上海申贝办公机械有限公司，主要经营各类办公用品设备。申贝是与国外企业成立合资企业的国有企业中的先驱。20世纪80年代末，申贝和美国施乐合资成立了上海施乐有限公司，生产复印机。在并入上工申贝旗下后，申贝除了经营自主品牌的办公用品设备外，还经营办公机械、电子产品和设备贸易等业务。

改革开放20年后，上工申贝和许多其他计划经济大背景下的国有企业一样，在世纪末面临许多新企业带来的挑战。一方面，本土的缝纫机供应商如雨后春笋般进入市场，其中绝大部分都是私企。他们没有历史包袱，具备明显的成本和价格优势。许多顾客纷纷转向这些新出现的竞争者。另一方面，国外企业进入中国，以其先进技术牢牢占据高端市场。传统国企在夹击之下，要么成功突破走出新路，要么被迫缩减业务，导致员工大范围下岗。国企下岗潮在20世纪末达到高峰。在这场带有深刻时代烙印的国企磨难中，上工申贝也无法独善其身。曾经的市场领军企业在21世纪初被挤出了中国纺织机械行业前十。参见图5中上工申贝在2005年并购前的历史发展。

和上工申贝一样，DA也是由两家企业合并而成。这两家企业都有超过100年的历史，同样来自德国城市比勒菲尔德。在19世纪中期，德国的缝纫机市场几乎由美国的舶来品垄断，不仅产品价格高昂，而且维修困难。Baer和Koch两名机械师从中看到了机会，1860年起他俩开始在比勒菲尔德的工

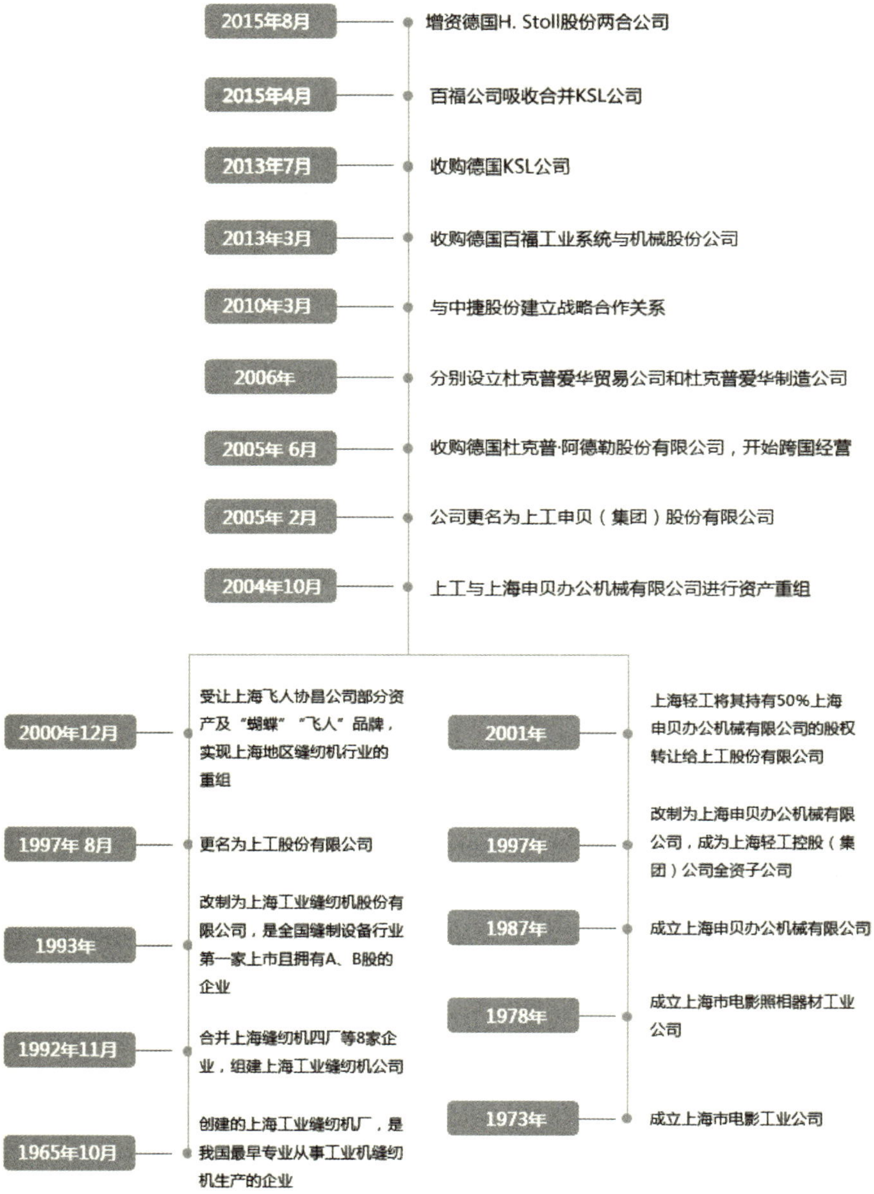

资料来源：上工申贝

图5：上工申贝的发展历史

厂里生产缝纫机，这奠定了日后比勒菲尔德作为德国乃至欧洲重要的缝纫机基地的基础。

1865年，在Baer离开公司开拓自己的商业公司后，Koch雇用了Dürkopp和Schmidt两名机械师。Dürkopp早在1861年就自己设计了他的第一台缝纫机。他和Schmidt随后在1867年另起炉灶创立Dürkopp & Schmidt设计制造缝纫机。但这两位合伙人同样没有走到最后，不久后也分道扬镳。

20世纪80年代，缝纫机制造行业全球范围内的竞争日益加剧，供求也开始失衡。当时仅德国的缝纫机产量已经高于全球总需求，缝纫机制造行业前景暗淡。Dürkopp & Co.（Schmidt离开后新公司的名字）和其他比勒菲尔德的公司一样着手寻找新机会，并开始尝试生产自行车，此后又进行了进一步的多元化——生产汽车和卡车，但是多元化的努力并未取得意想中的成功。Dürkopp在20世纪末的金融危机后不得不停止这两项业务。如今DA在比勒菲尔德的总部保留着当年自行车和汽车的样车。有趣的是，德国曾经名噪一时的汽车品牌欧宝（Opel）的发展轨迹和Dürkopp颇有几分相似。欧宝同样在19世纪60年代开始生产缝纫机，在19世纪80年代开始进行自行车制造。欧宝在19世纪90年代开始生产汽车，大获成功，在德国的市场占有率一度达到44%。

1962年，以生产轴承为主业的FAG Kugelfischer公司收购了Dürkoppwerke AG的大部分股权。25年后，FAG又收购了Koch Adler AG的大部分股权。这两家竞争多年的同镇邻居从此成了姐妹公司。从1990年起，两家公司正式合并，以Dürkopp Adler AG的名义开始在比勒菲尔德的Oldentrup地区开展业务。2001年FAG被其竞争对手INA-Schaeffler，即舍弗勒集团恶意收购。DA的所有权也转入舍弗勒名下。

DA作为世界老牌缝纫机制造商，拥有业界一流的技术，其品牌广受高端客户的喜爱和信赖。但当缝纫机下游产业的发展重点由西方转向亚洲时，DA未能跟上市场潮流，企业销售额逐年缩水。2001年，DA在其核心业务缝纫机业务上的销售额为1.5亿欧元。三年后在被上工申贝收购前，已经缩水到1亿欧元左右。另外，DA由于历史遗留问题，在生产方面缺少有效协同，员工冗余。恶化的外部市场环境和落后的内部企业管理造成DA在被上工申贝收购前已连续多年亏损。

造化弄人，曾经辉煌一时的明星企业DA在新东家舍夫勒集团眼中竟成了令人头疼的问题企业。出于企业战略考虑，舍夫勒无意继续投入并重振一家亏损的缝纫机企业，毕竟缝纫机行业和这家工业集团的主营业务相去甚远，缺乏协同潜力。适时为DA寻找一个合适的买家对于舍夫勒集团来说不失为一个合理选择。从另外一个角度来看，如果有买家认同并愿意投资DA，对于DA长期来说也是利大于弊。DA的发展简史见表4。

表4：1860年至2005年DA发展简史

1860	Baer和Koch创立比勒菲尔德首家缝纫机厂，后称H. Koch & Co.
1867	Dürkopp & Schmidt缝纫机厂在比勒菲尔德创立
1885	Dürkopp & Schmidt开始生产自行车，差不多10年后Koch & Co也开始生产自行车
1913	Dürkopp & Schmidt重组为Dürkoppwerke AG；Koch & Co.重组为Koch's Adler Nähmaschinenwerke AG（Adler为缝纫机品牌，中文意为“老鹰”）
1962	FAG Kugelfischer成为Dürkoppwerke大股东
1971	Koch's Adler重组为Koch Adler AG
1986	FAG Kugelfischer称为为Koch Adler大股东
1990	Dürkoppwerke与Koch Adler合并成为Dürkopp Adler AG
2001	Ina Schaeffer收购FAG成为Dürkopp Adler AG新东家
2005	上工申贝集团收购Dürkopp Adler AG

资料来源：Dürkopp Adler

Ⅲ. 收购动机和战略

在张敏先生入主上工申贝前，上工集团已经签订了购买DA的意向书，收购条款也基本确定。但是张敏先生对这起收购并非全无顾虑：上工申贝是否具备管理德国业务的人才储备？德国雇员是否愿意与中国投资者合作？上工申贝是否能利用德国的先进技术并成功融合德国的品牌？等等。

多年以来，上工集团面临严峻的市场挑战。作为老国企，上工不利的成本结构使得它无力与新兴的私营缝纫机企业通过打价格战夺回日见萎缩的市场份额。随着竞争不断加剧，企业的销售额几乎腰斩。而同国外企业相比，上工又缺乏在高端市场必需具备的技术优势，企业前景堪忧。上工管理层十分清楚自己的命运：要么彻底退出缝纫机行业，导致大批员工失业；要么设法获取具有高端专业技术，在短时间内提高企业的核心竞争力。要达成后者最快的方法就是企业并购。这也就难怪当时上工的董事长倪永刚得知FAG打算出售其DA的所有股份这个消息的时候，迫不及待想要促成上工对DA的收购。

2002年10月，上工向中国证监会提交了增发1亿的B股股票的申请。融资的目的就是为了收购DA，利用DA的先进技术，联手另一家国企——上海轮胎橡胶集团一同拓展特种缝纫机械业务。一年多后，相关机构通过了对这个海外收购项目的审批。而此时上海轮胎橡胶集团由于种种原因选择了退出，上工成了唯一的买家。

对于收购DA一事，上工申贝内部也存在不同意见，因为这起收购无疑是把双刃剑。最大的不确定因素就是收购后是否能够实现成功整合。花大笔钱收购一家亏损企业，这是否合理？两家亏损企业凭什么合在一起就能变得更好？把钱用在国内做相对更保险的投资是不是更加明智？经过详细的调查和评估，张敏先生认为倪永刚董事长的主张是正确的，因为长期来看，对服饰和箱包的市场需求不会减少，上游缝纫设备难以被其他工艺技术替代，具备长远的增长潜力。然而上工申贝在完成并购后需要改变运营模式，毫无作为无疑形同死缓。为了生存并挖掘增长潜力，公司需要重整研发能力并专注于产品创新和服务高端客户。他知道这绝非易事："这就像场搏击赛，你明知有风险，但只要有一丝希望，你还是要竭尽所能去拼。"张敏先生为此赌上了自己的职业生涯，背水一战说服董事会和政府批准这笔交易。最终他在内部获得了支持，但和德国人的谈判却陷入了僵局，谈判气氛一度十分紧张。为了化解僵局，张敏亲力亲为走上了谈判桌，重启与德方的谈判。

努力终得回报。2004年5月3日，上工和德方FAG代表在中国总理温家宝和德国总理施罗德的见证下签订了收购意向书，之后几个月进行了一系列交割相关手续的准备和执行工作。最终在2005年6月，几乎历时三年后这起并购终于尘埃落定，FAG将DA股份的94.48%转让给上工申贝。初始投资约为3700万欧元，其中的95万欧元用于支付DA股权的对价，900万欧元用于偿还FAG股东给DA的贷款，剩余的2700万欧元是上工欧洲向原股东的借款，作为运营资金投入。令人唏嘘的是，这起瞩目的跨国并购的发起人、上工原董事长倪永刚先生此时已不幸辞世。

2005年初，上工为收购DA在德国专门成立了一家新的控股平台公司，即上工（欧洲）有限责任公司。在这样的安排下，买卖双方均为德国注册公司，直接受德国法律约束，为卖家FAG提供了更多法律上的保障，减少了不确定因素。对于上工申贝来说，由于在母公司和DA之间多了一层结构，对于利润返回给母公司和税务优化等都有一定程度的不利影响，足见上工对收购的诚意。

熟悉此起并购案的知情人表示，上工在发起收购前并未形成明确的企业整合规划和发展战略。或许当时在倪永刚先生的脑海里曾有过一个不成文的蓝图，但如今也无从得知了。在2004年10月29日签署了收购协议以后，张敏先生基于并购前商务尽职调查结果，制定了一个以裁员、优化生产布局等为核心的短期商业计划以提升企业价值。至于制定中长期的市场导向的战略发展计划，则是在收购DA多年以后的事了。

Ⅳ. 并购后整合和转型

上工申贝在12年前收购了DA，并以此为契机正式开始开拓海外业务。在回顾这过去12年间的重大事件时，张敏先生提到了三个重要阶段。收购后的前几年是双方企业互相了解建立信任的阶段。这一阶段的工作重点在于提高企业效率。2008年DA受到金融危机冲击，资金链紧张，几近破产，然而最终在母公司上工申贝的帮助下化险为夷。从2013年起，上工申贝和DA进入了全新的发展阶段，DA的主要对手Pfaff破产并被上工欧洲收购，成为了DA的兄弟企业。继收购Pfaff之后，上工申贝很快又购买了另外两家德国创新型企业，随之上工欧洲转型成了一家旗下运营管理着多家高端品牌的国际性控股公司。

第一阶段（2005—2008年）：真理时刻——中国人真的来了

真的成了！2005年年中上工申贝正式收购了DA将近95%的股权，成了这家德国企业的绝对大股东。这是一个激动人心的时刻，这是中资国有企业首次收购一家德国上市公司。中德双方都对并购带来的变化有很高的期望。与此同时，收购后的整合又充满不确定性：两家企业如何能共同走出困境？如何为股东创造价值？比勒菲尔德的普通员工又将何去何从？

寻找出路的重担落在新任大股东上工申贝的肩上。收购一家国外知名企业的喜悦在整合开始后很快就开始淡却。随着整合的推进，上工申贝将直面众多已知和未知的挑战，摸索合适的解决方案。方案的难点在于业内没有先例可以借鉴学习，上工申贝内部也缺乏与外国公司打交道的经验，更不要说管理一家外国公司的经验。虽然上工申贝之前有过一些和外国企业的合作，例如和日本的重机和美国的SINGER，但这仅限于经营范围上的合作，对于DA的案例来说缺乏指导作用。

在收购伊始，上工申贝管理层判断理论上上工申贝和DA之间的协同效应非常大。但现实不同于理论，把协同效应落在实处是一项艰苦的工作。初期最大的困难或许在于如何将中国大股东的期望和愿景传达给德国方面的员工。如果他们不把自己看作上工申贝的一员，没有意识到自己的利益和上工申贝是紧密相连的，那么整合将无法顺利展开。当地员工最担心中国投资者只想谋求DA的技术和品牌，一旦目的达成就会放弃在德国当地的经营以及企业员工。在原股东FAG Kugelfischer掌权的十几年间，DA裁员司空见惯。比勒菲尔德的总部在高峰期曾有2500名员工；在上工收购前，DA在连续几年都处于亏损状态后员工数已经降到450名。可以想见员工士气不佳，有所担心也是情有可原。他们无法预见，在DA交到中国投资者手中之后，等待他们的将是怎样的未来。

在完成收购交割之后，中国投资者向DA的员工保证比勒菲尔德作为DA市场和研发中心的地位不仅不会改变，而且会在未来继续保留高端产品的生产制造。为了能让德方更好地了解上工申贝的计划，张敏先生花费了很多精力来与德方在各方面进行沟通，向他们保证上工申贝会持续投资并发展DA品牌。不仅仅上工申贝会从并购中获得利益，DA也将因此迎来史无前例的发展机会。为了确保自己的信息被完全传达，他甚至与DA的中层领导进行了一对一的对话。这不是一个作为投资者公司的CEO一般会做的事，但张敏先生至今依然认为当时这么做是有必要的，因为它帮助建立和稳固了团队对未来、对中国投资者的信心。

与上工申贝相比，DA在捷克和罗马尼亚布局生产多年，员工不乏和外国人合作共处的经验。这些与国外企业和员工打交道的经验使得员工对于新鲜事物有着较开放的心态，这也包括新股东。在回顾中张敏先生表示，德国员工很有主见，并且在职业道德上无可挑剔。由于中国股东保持诚实开放的态度并能履行诺言，德国员工渐渐放下了担忧，并开始向将两家企业重新带回发展轨迹的共同目标努力。

尽管如此，德方对于上工申贝是否有能力领导一家百年企业依然心存疑虑。毕竟这个来自上海的股东自己也处境不佳，相对于DA而言看不出来有什么优势。尤其是在技术和品牌方面，上工申贝似乎还远远落后于它的德国子公司。上工申贝的领导层对于自身的弱点有清楚的认识，有意识地对管理DA采取谨慎的态度，避免过度管理。为保持经营连续性，上工申贝基本保留了当时的管理团队，包括CEO Werner Heer。中方股东仅仅派遣了郑莹女士远赴比勒菲尔德加入管理委员会。被收购后的DA的管理模式化繁为简：在战略层面上，张敏担任监事会主席，Heer出任管理委员会主席，他们定期会晤讨论并决定DA的战略方向。在运营层面上，Heer专注于前端，负责生产、研发、市场和销售。郑莹女士则负责财务、人事和信息技术，同时她还是上工申贝和DA之间的协调人，确保双方之间的信息交流顺畅无误。

在明确管理职能后，新的DA团队立即着手开展一系列的重整措施。首先是商业战略：DA即刻减少接受涉及大额应收账的订单，优化库存，提高资金流动性，同时着手优化生产布局。过去DA的制造生产基本都集中在德国。新的DA管理层重新规划了生产价值链，以便更好地实现规模经济：捷克的Minerva Boskovice主要生产中型和重型机器；罗马尼亚的Sangeorgiu de Mures作为欧洲的零部件生产中心，主要生产DA原装自动缝制单元的零件和组件，包括需要大量人工生产的缝纫机机械零部件。比勒菲尔德总部继续肩负制定DA整体市场战略的任务，同时负责研发以及高端缝纫机的生产组装。

在成本控制上，上工申贝要求DA的管理层削减销售和行政支出，但全力保障研发支出。张敏先生知道要想重振DA和上工申贝，必须保留技术的火种。就算在最艰难的时期，上工申贝都一直坚持着这个原则。DA管理委员会前发言人、上工欧洲现执行董事Eickhoff先生认为，DA的成功在很大程度上应该归功于中国母公司对技术和员工的重视和持续投资。

并购当年DA的整合进展顺利，这让张敏先生稍微松了一口气。虽然2005年的营业额比上年下降了9%，但DA又重新实现了盈利。为了庆祝这一初步成就并感谢员工的努力，上工申贝决定在圣诞节给每位DA员工发放300

欧元的奖金，这是DA员工在过去从来没有享受过的待遇。员工委员会主席特意代表所有员工为此写信给中国大股东致谢。

进入2006年后，DA的销售又重回上升通道，营业额同比上涨13%。同年，DA正式进入中国市场。2006年4月，上工申贝和DA分别出资60%和40%，在中国成立了一家销售合资企业，以更好推广DA品牌，服务本地客户。同年8月，另一家生产公司成立，主要负责接替DA罗马尼亚工厂的整机部分职能，生产标准型缝纫机。

尽管收购后的整合取得了初步成绩，DA的CEO Heer先生和中国大股东之间对于未来的发展方向产生了分歧，在2006年年底前，DA监事会选择与他终止合约。从2006年9月1日起，Alfred Wadle接替他成为新的管理委员会发言人，Heer先生在管理委员会的任职持续到2006年11月。他的继任者Wadle先生对DA并不陌生，他在DA工作多年，熟悉多个不同岗位。他曾在DA捷克子公司任职，具备一定管理国际化公司的经验。他对公司战略的理解与大股东的构想较为接近，在当时被视作理想的接班人。当他接手之后，他加强了与中国的合作，包括在中国采购部分零配件。

在Wadle的领导下，2006年DA在销售和盈利方面都表现良好，但是渐渐已经能够感觉市场的需求开始出现一些疲软的迹象。随着全球金融危机爆发，DA和许多企业一样受到很大的冲击，2008年销售额下降了20%，营业利润下降了50%以上（图6）。

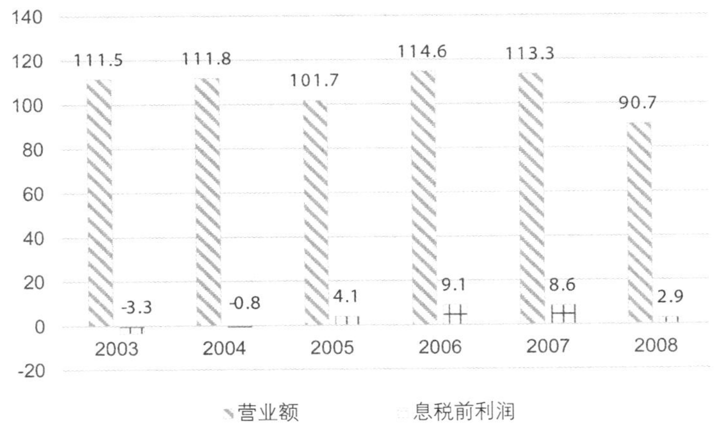

资料来源：上工欧洲

图6：2003年至2008年DA营业额及息税前利润（单位：百万欧元）

第二阶段（2009—2012年）：是生或死——金融危机后再出发

这是最好的时代，也是最坏的时代。收购完成三年后，中德双方在磨合中逐渐找到了互相合作的窍门，整合继续推进，产品推陈出新。在中国大股东的支持下，DA开始在中国和其他快速发展的市场中寻找新的发展机会。但好景不长，在金融危机的余震中，DA几度处于生死边缘，但上工申贝从未考虑放弃这个德国隐形冠军。哪怕是在最危急的时候，上工申贝董事长张敏先生都多次坚定地在公开场合表明上工申贝不会放弃比勒菲尔德，不会放弃DA。

2007年起开始酝酿的美国次贷危机最终触发了全球金融危机，许多国家受到了波及，经济出现停滞乃至衰退。正当人们庆幸金融危机终将过去，欧元区又陷入债务危机，一时人心惶惶，时至今日，人们依然能够感受到当时危机带来的影响。

如果说2008年是糟糕的一年，那么2009年对于DA来说可以说是一场灾难了。不仅仅是DA，许多其他企业都疲于奔命。同行业的日本重机、兄弟以及中国几个主要的缝纫机制造商巨头都深受打击，营业额平均缩水超过40%。

“只有潮退了，才知道谁在裸泳。”

——沃伦·巴菲特

Eickhoff先生在回顾DA这段艰难的时期时坦承，DA错过了中国的纺织业发展的大机遇。有了上工申贝这个中国投资者，人们会自然联想到DA将加快在中国的战略发展。但不幸的是，在战略布局取得成效之前，在短短几年间中国的劳动力成本大幅上升，导致制衣厂商纷纷将生产转移到临近的低成本国家，一时间成千上万家中国制衣代工厂濒临倒闭。尽管DA有着先进的技术，其销售和市场表现却不尽如人意。尤其是在东南亚这个工业缝纫机的最大市场，DA的销售增长乏力，不进反退。

2009财年DA缝纫机业务的总销售额同比下滑43%，仅为5180万欧元，与金融危机前水平相比下降55%，并出现了1840万欧元的经营利润亏损。面对外部市场环境和内部工作任务变化，张敏先生不计前嫌，以任务为导向，2009年9月重新召回原任CEO Werner Heer，接替Wadle先生成为DA管理委员会的发言人。用Heer先生的话来说，当时DA处于非常时期，必须行非常事并且有好运伴随，DA才有可能重振旗鼓。

当务之急是削减成本，通过减少515个工作岗位等措施，DA节省了1830万欧元的成本。此外作为大股东的上工申贝慷慨解囊，主动放弃了1200万的股东贷款，大大缓解了DA的资本压力，资金缺口降到了2120万欧元，将DA从破产边缘拉了回来。这是并购DA后的一个重大转折点。虽然张敏多次重申上工申贝对比勒菲尔德的诚意，但直到此时此刻他才真正赢得了德国员工们的完全信任。通过上工申贝的斡旋，前大股东FAG Kugelfischer也放弃了550万欧元的债权。然而上述诸多努力仍不足以拯救DA于危难，上工申贝不得不忍痛将DA经营状况良好的子公司Dürkopp Fördertechnik GmbH（一家领先的运送装置技术提供商）以1000万欧元的价格售给奥地利企业Knapp AG。

管理层还决定将保留自2009年2月开始实施的雇佣合同员工的措施（与正式员工的比例约为40%），一直到危机结束为止。与此同时接近退休年龄的职工被鼓励主动提前退休。在2009年下半年，DA进一步缩减成本，将从事裤子类产品的缝纫机公司Beisler GmbH的生产从许斯巴赫移到比勒菲尔德。在缩减成本的同时，Heer先生也明确表明DA应当扩展在华业务，扩大对营销和销售的投入。

令人庆幸的是，2010年第一季度DA的状况出现大幅好转，销售额几乎飙升了40%。反思过去几年经历的挑战，DA管理层意识到企业亟需加强业务韧性并迫切需要寻找新的增长动力。其中一个颇具前景的方向是夯实DA在工业缝纫机的优势，尤其是加强在汽车业、家居业科技织物方面的业务。拥有扎实技术储备的DA在这一领域具备较强的竞争优势。

与此同时，DA母公司上工申贝自己的日子也并不好过。毕竟中国也无法在金融危机中独善其身，受其影响上工申贝国内的缝纫机销售一落千丈。为了挺过难关，集团不得不大幅削减开支，所有员工的薪资福利都受到了一定程度的影响。在当时的大股东浦东新区国资委的指导下，上工申贝于2010年3月24日和中国领先的民营缝纫机企业中捷缝纫机股份有限公司签订了战略合作协议。根据协议，上工欧洲将DA 237.8万股相当于29%的股权转移给了中捷在欧洲的全资子公司。中捷就此成为DA的第二大股东。在这笔交易中，股权估价863万欧元，合每股3.63欧元。传言说根据最初的协议，中捷之后计划收购更多DA的股权，而上工申贝会保持绝对控股。后来由于上工申贝和中捷方面都出现了一些变数，中捷的股权收购计划并未落实。若干年后中国缝纫机业的这两大巨头在海外再度有了交集，在竞争购买另一家德国缝纫机制造商的过程中狭路相逢。对此在后文中将有更多介绍。

祸兮福所倚。在金融危机期间，亚洲尤其是中国的汽车产业展现出了极大的韧性，逆市增长，并预计在今后几年内仍有持续增长空间。上工申贝认为这将会是工业缝纫机行业的一片蓝海，于是不遗余力地支持DA开发适应汽车行业需求的工业缝纫机。其中的重中之重是用于工业用途的中型和重型缝纫的M系列缝纫机平台。自2002年初次推向市场以来，M系列一直都是高质量工业缝纫机的代名词。凭借上工申贝的支持，DA得以在金融危机期间继续M系列的研发创新，在减少零件数量和降低成本方面实现了关键性突破。借助新型M系列设备，终端用户可以大大缩短组装过程，提高生产运营效率。M系列后来被证明是带领DA走出危机的一个关键所在，同时对DA在汽车和家居业的战略布局发挥了重要作用。

在Heer先生的领导下，DA在2010年和2011年实现了两位数的恢复性增长，基本回到了金融危机前的营收水平。同时借助产品创新和削减开支等一系列措施，2011年DA的营业利润率上升了两个百分点，达到了9.5%。可惜Heer先生和上工申贝的第二个蜜月期很快也结束了。他认为企业重振很大程度上应归功于M系列的成功。的确，在DA传统的欧美高端中型和重型缝纫机领域M系列占据了领导地位。他认为DA未来应该加强巩固M系列在这个领域的领先地位，集团资源配置和战略导向上应该有所倾斜，甚至可以专注于中厚料缝纫机。中国股东虽然认同DA应当发展中厚料缝纫机，但服装类缝纫机也应保持，不能偏废。上工申贝管理层的逻辑是近几年来随着中国人口红利逐渐消失，人力成本上升，制衣业的缝纫工序逐渐转向自动化，这是上工申贝和DA拓展中国市场业务的一个良机。随着市场对高端产品需求日益增长，拥有先进技术的DA相比十年前将从这次市场转型升级中获得更大利益。经过多次友好协商，Heer先生和中方股东意见仍然无法达成一致，在任职两年半后再次离开了DA。

2012年初，Dietrich Eickhoff继任管理委员会发言人。他是DA的老人，更是土生土长的比勒菲尔德本地人。他的职业生涯始于20世纪70年代，当时他在DA的前身Dürkoppwerke GmbH做实习生。他有着深厚的销售以及技术背景，有助于企业在现阶段发展客户和进军国际市场，尤其是中国。他作为DA的一员也亲自参与了2004年与上工的谈判，因此他对上工申贝的管理层以及战略思维都很熟悉，双方之间已经具备一定的信任基础。由于高管团队有很强的连续性，所以在战略层面需要做的调整很有限，双方对品牌分工有明确的定义：DA将继续专注于高端设备的研发和制造，而上工申贝的自有品牌将主要服务大众市场。

更换CEO后的DA在2012年的经营状况令人满意，销售额增长了8%。不同于很多竞争对手的是，DA凭借独特的技术和市场优势得以持续改善利润率。2012年的营业利润率自十年来首次超过了15%。但在成功的背后也存在着一些隐患：DA的核心市场——欧洲市场需求依然不温不火，为了持续发展，DA必须在其他市场有所作为。从中国来看，随着人力成本的上升，制衣业将生产转移到低成本的邻国，如越南和孟加拉等，市场向上游移动的趋势明显。考虑到中国对高端机器的需求将会上涨，DA将会有很好的机会赢得一些之前无法获取的新客户。

第三阶段（2013年至2016年）：重起征程——上工走向世界巅峰

“没人相信我们”，上工申贝董事长张敏先生在2013年的一次采访中提起当初德方对于这起并购的看法。对于中国投资者来说，在初期获得合作伙伴、员工乃至银行的信任是一项极具挑战的工作。由于没有德国银行为上工提供信用贷款，收购几乎在最后环节功亏一篑。在收购完成后的八年间，中国股东用实际行动证明了自己的承诺与DA和比勒菲尔德同舟共济。尤其是在金融危机期间，中国股东更是不遗余力地在自己也有困难的情况下对DA伸出援助之手。DA通过长年不断的技术积累形成了极具竞争力的产品组合，在高端工业缝纫机行业的竞争优势突出。同时通过生产流程优化，分散在多地的工厂释放出了协同效应，提高了效率，降低了成本。所有这些努力都可以从DA的财务数据中得到体现，DA营业利润率从2005年的4%攀升至2012年的15%。经验丰富的管理团队为DA在未来的发展中保驾护航。2013年起，上工申贝又采取了一系列大胆的措施，短时间内连续收购了两家德国公司，并购买了另一家公司的小部分股权。这些被并购的企业都是典型的德国中型企业，在自己的专业领域各有所长并享有良好的声誉。长久以来只有DA一个投资项目，几乎与DA同为一体的上工欧洲终于有机会开始大展拳脚，着手经营业务的整合拓展。

2013年3月28日，一项运谋已久的战略收购终于落地。上工欧洲于是日成功收购了位处凯泽斯劳滕的百福公司（Pfaff Industriesysteme und Maschinen AG）100%的股权。百福也是一家百年老店，它精彩的发展历程更是在2014年被拍成了纪录片。

这家知名的缝纫机企业于1862年创立于德国的凯泽斯劳滕，曾经是德国最大的缝纫机公司。早期的百福公司只生产家用缝纫机。直到1908年，百福才生产了第一台工业用缝纫机，这也是业界第一次出现针对工业客户的专门缝纫机。自诞生以来，百福工业缝纫机一直被视为行业中的质量标杆。1960年百福在法兰克福证交所上市。在20世纪80年代，作为百福主要客户行业的制鞋和制衣产业出现行业性的经营困难，给百福的业务带来很大的冲击，再加上管理失误，百福进入了几十年的动荡期，所有权几度易手。其中在1999年和2008年百福还两度进入破产程序。命运多舛的百福依然在缝纫和焊接技术方面保持了其独特优势，在自动化缝纫装备、中型和重型缝纫机和焊接机等领域优势较为明显。

自20世纪末起，全球纺织业的中心开始转向亚洲。百福在纺织业东进的浪潮中与中国民营企业中捷缝纫机股份有限公司在中国建立了合资企业。其后，百福在上海附近的太仓建立了自己的独资公司，并从中捷手中买回了合资企业的所有股份。这家太仓的独资公司100%属于百福，是其生产和市场战略的核心组成部分，也是百福中国业务规划中的桥头堡。2008年，太仓生产基地生产了约两万台缝纫机和相关控制部件。然而在2008年竞标百福的时候，上工申贝输给了一位名为Joachim Richter的德国中型制造企业的所有者，后者得到了工会和当地政府部门的青睐和支持。但是Richter先生的重组计划并没有奏效，百福公司不断丧失市场份额，企业连年亏损。2012年8月，Richter先生眼看回天无力决定放弃百福所有权，将其持有的所有股权交给一家信托公司。2012年底，百福的所有资产价值2000万欧元，负债高达2600万欧元。在连续几年高达七位数的亏损后，公司已实际破产。

2013年这次竞购百福的时候，上工申贝在与包括中捷在内的诸多竞争者的较量中占得先机。尽管中捷和百福曾经共同运营一家合资公司，还是DA的小股东，上工申贝在收购DA后体现出的能力和表现显然更具说服力。上工申贝董事长张敏先生亲自领导的收购团队也被认为是收购成功的关键之一。最后，上工申贝以象征性的1欧元接管了百福的所有资产。根据收购协议，上工申贝共为这起收购投入2410万欧元，其中480万欧元为注入资本，1150万欧元偿还股东债务，余下的780万欧元用于扩张百福在中国和南亚的经营。至此，百福加入了这家上海企业的怀抱。这中间还有一桩如今已经没有多少人知道的逸事。上工申贝其实不是百福第一位来自上海的大股东。在20世纪90年代后期，百福曾一度归属Semi-Tech（Global）Group，这家企业的创始人和主席是出生于上海的风云人物——丁谓（James Henry Ting Wei）。竞购百福失利的中捷股份在2014年末把其持有的DA股份以1390万欧元的价格回售给了上工申贝，实现超过 60%的投资回报。

两家德国缝纫机的巨头百福和DA已经是竞争了150多年的老对头。造化弄人，150多年后，这对冤家都纳入了中资背景的上工欧洲旗下。时任百福管理委员会发言人的Cornelia Mast女士在收购结束后继续留任，负责财务、行政和人力资源等工作。上工申贝任命了两名新的管理委员会成员：上工欧洲的前副总经理王青先生以及在1972年到1999年间曾在百福担任市场部总监的Friedbert Schulz先生。他重新加入百福在DA就职，所以对两家企业都非常熟悉。

尽管百福和DA依然保持独立经营，但是上工欧洲为两家子公司都做了明确的战略规划。所有人在谈判期就清楚地知道调整百福的业务迫在眉睫。除非对百福和DA乃至上工申贝的经营活动进行协调，否则很难使百福重归正轨实现盈利。

两家企业的协同效应仅仅在并购完成一年后，也就是在2014年就初现征兆。百福在亏损几十年后又喜迎盈利。更令人欣喜的是，借助合并的势头，DA的营收和盈利表现都得到了大幅提升。2014年销售额同比上涨了15%，经营利润率更是惊人地提高了五个百分点。这种强劲的营收增长势头伴随健康的盈利能力一直持续到今天（图7）。

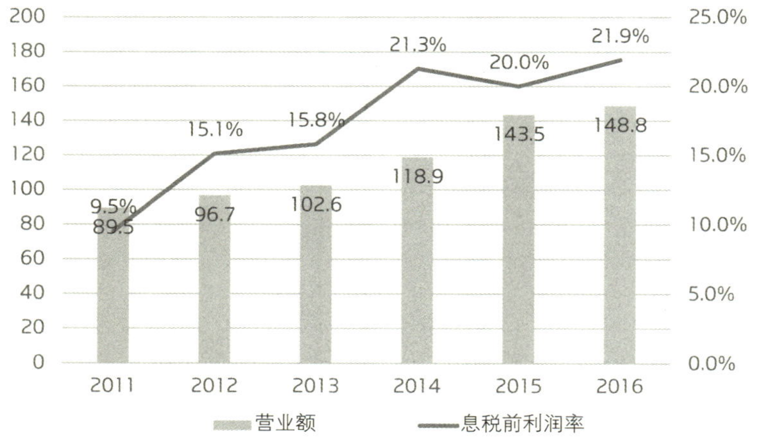

资料来源：上工欧洲

图7：2011年至2016年DA的营业额（百万欧元）和息税前利润率

漂亮数字的背后是采取的一系列优化措施。其中最早实施的一项也是显而易见的措施来自营收领域。两家势不两立的竞争对手终于可以结束价格战，这不仅对销售收入并且对经营利润都有巨大影响。在生产管理方面，与几年前DA采取的调整类似，生产流程得到了优化，一些部件的生产转移到成本较低的中国和捷克。此外在研发、采购、销售和市场活动等各个环节中都挖掘出了改善潜力。

在2016年的一次采访中，百福工会副主席Wolfgang Biffar先生这样评价这次收购："我们依然持乐观态度。"虽然存在文化差异，他积极肯定了中国投资者值得信赖："我们乐见中方投资者信守承诺。收购两年来凯泽斯劳滕的工作岗位持续增加，目前员工数已经达到218名。"

同时另外一桩交易也在悄悄进行中。2013年7月31日，仅仅是完成收购百福几个月后，上工申贝宣布以1850万欧元的价格从唯一所有人Robert Keilmann先生手里收购了KSL Keilmann Group公司的所有股份。交易时，这家家族企业有100名员工，分销商遍布世界各地。这家企业由三家公司组成，它们分别是KSL、KSA和KSE。其中KSL全称KSL Keilmann特种机械有限公司，研发生产处理各类科技面料的特种缝纫机器。KSA全称KSA GmbH & Co. KG，专注于为床垫制造行业提供服务。KSE GmbH是KSL的独家销售公司，负责推动诸如亚洲和北美洲的海外市场销售。这家相对年轻的家族企业由Robert Keilmann的父亲Werner Keilmann于1964年在位于法兰克福以南大约60公里处的洛尔施创建。

KSL好比Keilmann集团皇冠上的明珠，主要产品包括数控机床、多针缝纫机、机器人系统、焊接设备及自动化生产线等。尤其是其创新的3D自动缝纫设备，在技术上罕有匹敌，可以依照程序指令完成复杂的缝纫和焊接任务。图8展示了KSL的机器人缝纫设备。凭借其独特的技术优势，KSL的许多客户来自航空、汽车、环保等朝阳行业，未来发展潜力巨大。

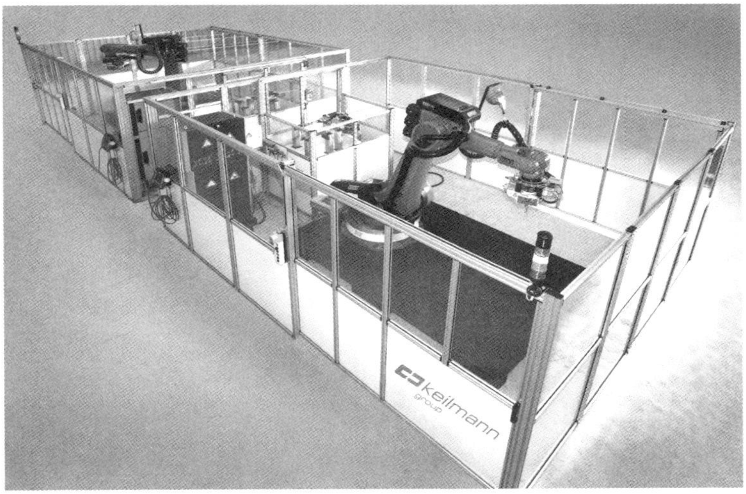

资料来源：上工欧洲

图8：KSL的机器人缝纫设备

为了更好地发挥协同效应，KSL在2015年3月并入百福公司，但保留了KSL这个品牌。床垫生产从阿尔滕堡转移到了凯泽斯劳滕百福的生产基地。洛尔施和凯泽斯劳滕的工厂都被保留下来。高技术含量的机器和定制设备继续以KSL的品牌在洛尔施进行研发和生产。新的百福公司由一个经验丰富的管理委员会领导，成员包括Cornelia Mast女士、Robert Keilmann先生和曾就职百福合资伙伴公司中捷股份的陈永武先生。有了整合DA的经验，百福和KSL的整合有条不紊地向前推进。

进入2016年后，上工申贝的收购脚步还在继续。此时，上工申贝董事长张敏先生已被广泛称誉为缝纫机行业成功的连环投资者。这次上工申贝将目光投到了缝纫行业外。经过数月谈判，在2016年1月中期，上工欧洲以2850万欧元的价格收购了位于德国罗特灵根的H. Stoll股份及两合公司26%的股份，成为其最大的单一股东。剩余的股份分散在创始家族12个家庭成员手中。

这家家族企业历史悠久，可与DA和百福相媲美。企业成立于1873年，被认为是世界上最具有创新能力和最大的自动化针织横机制造商之一。为了在日益激烈的国际竞争中保持一席之地，企业股东早在五年前就开始寻找潜在的战略投资者。上工申贝在相关领域浸润多年，财务状况良好，最主要的是它对德国隐形冠军投资整合的成绩有目共睹，被视作理想的合作伙伴。伴随收购Stoll股份的完成，上工申贝在欧洲的运营管理迎来了一次战略性调整。

自2016年3月15日起，百福的前高管Cornelia Mast女士在完成整合百福并入上工欧洲的任务之后，被调任Stoll首席财务官。Robert Keilmann先生因为个人原因在2016年8月31日辞去了Pfaff管理委员会发言人的职位。他的继任者是Alfred Wadle先生，他曾任上工申贝收购DA后的第二任CEO。百福新的两人管理委员会由Alfred Wadler和陈永武组成。

在收购Stoll后，上工申贝在缝纫机相关行业加固了自己的地位，为成为全球行业的领头羊奠定了扎实基础。在撰写本文期间，日本的重机和兄弟公司两家企业分别占据缝纫机行业营业额的前两位。目前，上工申贝与日本兄弟公司在营业收入的差距已经很小，从盈利能力的角度来说上工申贝已然位居世界首位。

V. 增长措施

一度经营困难的DA现如今已经成为了上工申贝海外业务的基石和发动机。在上工申贝的引领下，DA不仅保全了创新能力，并且提高了生产效率，开拓了新市场。DA历年的销售收入和利润实现稳步提升。12年前DA的股价在每股2.3欧元左右，2016年最高达到每股36欧元，并且进入2017年以来还在持续增长（图9）。

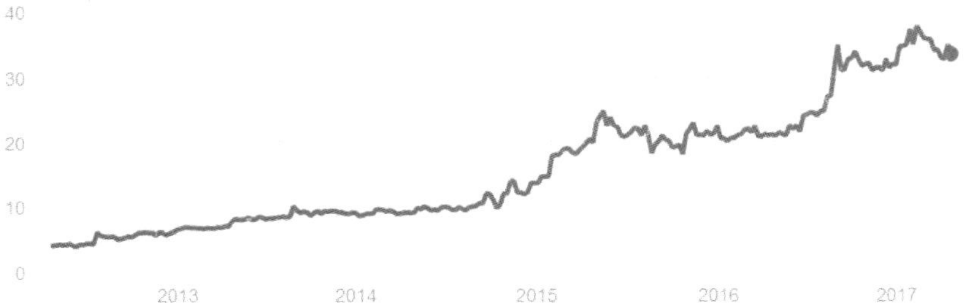

资料来源：Google Finance

图9：2005年至2017年DA股价的变化（单位：欧元）

随着百福、KSL和Stoll加入上工申贝的大家庭，DA将准备开始迎接新挑战。对于上工欧洲来说也将会是一个新的开始。作为上工申贝在欧洲的投资媒介，上工欧洲长期以来与DA“共享”管理层。上工申贝的主席和CEO张敏先生对上工欧洲有着更高的期盼。上工欧洲应当成为推动上工申贝缝纫机工业板块的核心力量，协调并引导品牌战略、市场和销售、采购、生产和研发等多项职能。

为了实现上工欧洲的顺利转型，Eickhoff先生在2016年3月被委任负责上工欧洲的经营管理。同时他辞去DA管理委员会发言人的职位，由Michael Kilian先生接任。他此前在DA负责控制器研发和质量控制。为了保证DA战略的延续性，Eickhoff先生同时担任DA监事会成员。与此同时，长期作为股东代表的郑莹女士继续在DA和上工欧洲保留双重管理职位。

重组后的上工欧洲管理团队有一个明确目标，那就是增长——在未来5年间成为全球纺织技术业的冠军企业，并且实现盈利的有质量的增长。目前，以营业规模为标准，上工已经和世界第二位的日本的兄弟品牌几乎并驾齐驱。世界第一位，同是日本企业的日本重机目前的规模优势还比较明显，营业额是上工的三倍左右。在2016年9月，上工欧洲首次将未来五年的发展战略梳理形成正式的文件。

上工赶超日本巨头成为行业第一的信心来源于三个方面：不断创新；对亚洲市场尤其是中国市场的重视和拓展；持续的投资并购和品牌整合与协同发展。

一直以来，上工申贝的管理层对研发就非常重视。DA和之后加入的百福以及KSL能够凭借大股东的资金支持坚持研发新产品，并多次获得业内大奖。例如，DA和百福分别凭借新型袖口自动缝纫系统和智能缝纫机控制器斩获2013年法兰克福国际纺织品及柔性材料、缝制加工展览会（Texprocess）创新大奖。同年，上工欧洲旗下另一家企业KSL成功研发出世界上第一台符合航空和风能行业需求的由机器人控制的自动缝纫设备。

由于把握住了市场动态并且得益于大股东在关键节点的战略引导，DA得以在产品研发上试种领先对手一步。当其他竞争者还在使用单一机械（一人操作一台机器）的设计理念的时候，DA已经转向研发特殊的自动化机械，由于每一个生产步骤都可以事先进行编程减少人为干预，大大提高了生产流程的效率和精准度。除此之外，DA应用工业4.0的概念，积极研发新型的电控装置和先进的机对机系统（M2M），满足不断变化的客户需求。随着KSL的融合，上工申贝可以在一些高端科技的研发应用上更进一步，包括机器人切割技术、压缩合成技术、碳纤维缝纫等等。在将来，上工欧洲的产品组合不仅仅涵盖机械工程，随着工业4.0技术的成熟和推广，更会容纳越来越多软件工程方面的元素。简而言之，上工欧洲未来几年的创新将沿着三个维度继续推进：机械制造、智能制造/自动化以及物联网集成产品（图10）。

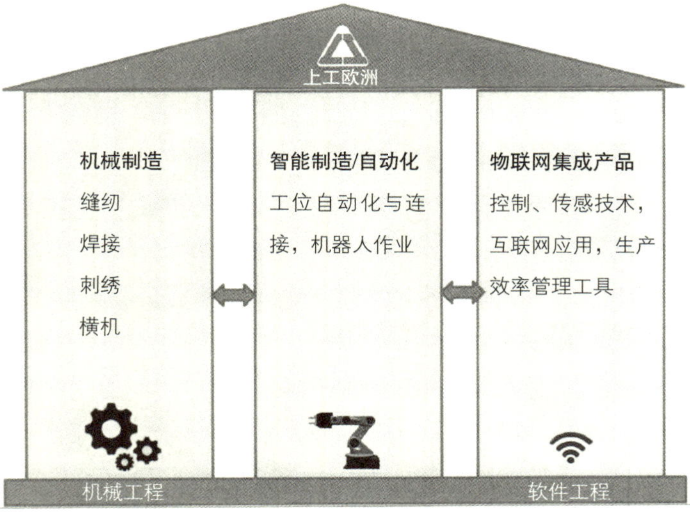

资料来源：上工欧洲

图10：上工欧洲未来的产品范围

增长战略的第二个重要支柱是对新市场的开拓。Eickhoff先生在一次和我们的访谈中回顾DA全球化历程和全球缝纫机产业的发展趋势时说道："十年前我们的发展轨迹偏离了市场大势，但现在市场大势开始朝着于我们有利的方向发展，我们将从中受益。"他指的对DA有利的市场大势是由中国及周边国家产业升级引发的缝纫技术的高端化和自动化趋势，这恰恰是DA近年来积累的优势所在。然而过去的经验证明，在欧洲开发出来的成熟技术的基础上做简单减法移植到海外市场，对于开拓市场的贡献是很有限的。如果能加强技术研发的本地化，上工和DA还有很大的增长潜力。图11展示了DA在过去几年间在中国以及占DA整体营业额的比例的变化。

一家来自欧洲的缝纫机公司在中国难以取得成功可能有很多原因。首先，欧洲和中国市场客户的需求大相径庭。而且这种需求上的差异性往往被低估。以DA的服装业客户举例来说，欧洲客户的特点是生产批量大同时产品价值高，相对而言他们在生产时间和灵活性方面的要求不是很高。而中国客户多为代工企业，同时为多个成衣品牌生产，因此常需要在短时间内频繁更换风格式样，更有甚者有时一天内需要换三次。这要求缝纫机提供商能够在不同的应用场景间实现快速切换。除此之外，纺织物和线一类的原材料根据生产地区不同会有不同的特性，因此要求缝纫机能够对应灵活设置相关工艺参数。为了在中国市场取得更大的成功，上工申贝旗下的德国品牌要更加灵活更加快速地对本地市场需求做出反应。研发和应用开发的本土化势在必行。在过去中国在很

资料来源：上工欧洲

图11：2012年到2016年中国和亚洲占DA营业额的比例

大程度上是上工欧洲的采购和生产中心。预计今后中德双方将在新产品开发方面进行更深入的合作，以在中国形成更大的竞争力。目前中国中低端市场依然是工业缝纫机行业最大的细分市场，2016年的销量大约为150万台，市场竞争十分激烈。日本领军品牌日本重机在2000年时还占据中国市场50%的份额，如今已经落到25%左右。目前的中国缝纫机市场基本是中国本土企业为主导。上工申贝的品牌上工宝石占据大约为10%的市场份额。4到5家领先的中国缝纫机企业控制了大约60%的市场份额。由于在客户的印象中德国品牌一般都会与“高端”和“昂贵”挂钩，上工申贝的管理层筹划引入新的产品线，生产技术相对简单但是更具价格优势的针对中低端市场的产品。这类产品同时也会更适应其他亚洲地区市场。此外，管理层还计划将百福的副牌“Pfaff Industrial Traditional”引入中国，实现本土化生产，主打中低端市场。

国内市场拓展已经出现一些积极的兆头。上工欧洲最新成员企业KSL借助上工申贝的资源网络，已经赢得了一些规模虽然不大但是高利润的特种缝纫机器人订单。客户包括洪都航空、中国商飞、哈飞、北京航天动力研究所等知名企业和机构。

接下来上工欧洲要承担起在国际市场上继续拓展的责任。最近几年工作的重中之重是发展在东南亚的市场销售活动。随着中国工业缝纫机市场升级，生产向低劳动力国家转移，东南亚的工业缝纫机市场势必会像十几年前的中国一样迎来一个高速发展期。为了抓住这一波发展机遇，上工欧洲已经在印度和孟加拉设立新的销售公司。如同多年前的中国，这些市场目前的产品需求还主要集中在中低端缝纫机械。如果上工欧洲能够成功把规模做大，上工可以更好地利用和优化在中国生产基地的产能，保持其良好的利润率。然而进入新的市场，上工欧洲也面临诸多挑战。其中之一就是搭建销售渠道打开销售局面，而更重要的或许在于采用怎样的品牌组合和品牌战略，这也是我们谈到的增长战略中的最后一个支柱。

上工申贝通过一系列的收购活动建立了丰富的产品组合。除了广为人知的DA、百福工业（Pfaff Industrial）和KSL之外，上工申贝还拥有两个知名的德国品牌。一个是beisler，是男裤自动缝纫机械中的高端品牌；另一个是Mauser，是一个传统的适用于多种应用的缝纫机品牌。最后还有上工自有品牌上工宝石（SG GEMSY），生产各类工业缝纫机械和自动化设备（图12）。

图12：上工申贝旗下的主要缝纫机品牌

随着上工申贝和上工欧洲的不断扩张，预计将来还会有更多的品牌加入。

在完成对百福和KSL的收购后，上工申贝已经开始启动对内部资源的整合，包括对采购、生产和产品开发等方面的优化。为了充分挖掘各品牌更大的潜力，企业必须也要关注市场端品牌间的协同效应。这意味着每个品牌都要形成自己的价值主张，明确核心客户群，并在营销和销售方面在有明确分工的前提下实施协同作战。目前总部与各分子公司已经开始对品牌战略进行积极的探讨。初步的品牌定位和分工已经在五年增长战略中得以明确，基本方向是尽量减少品牌间的重合度，让各品牌负责各自具备相对竞争优势的客户群。同时，所有品牌会划分到高端和经济型两个大的品类下，每个品类下的品牌要共享市场和销售职能。今后几年如何贯彻实施既定的品牌战略对于上工欧洲和上工申贝来说都是一项艰巨的任务，尤其是企业还要同时开发新产品和打开新市场。其中上工欧洲在融合品牌方面将发挥关键作用，除了协调生产和研发，更要深入挖掘在市场和销售方面的潜力。在进入新的地区市场的时候，上工欧洲还需要负责整体的进入市场的策略。

当被问及他个人对上工申贝未来蓝图的设想时，张敏董事长说上工申贝在未来会重点关注三个方面的发展：第一是缝纫工艺在柔性新材料方面的应用，例如碳纤维具有轻质坚韧的特性，其应用范围广泛；第二是自动化连接或切割工艺装备，缝纫的本质是将材料拼接起来，编织、焊接、粘贴、铺丝等都属于连接工艺，反之则有切割工艺，从这个意义上讲，连接和切割工艺技术的应用前景十分广阔；第三个是诸如航空航天、军工制造业的新兴工业。在下一个十年，航空业预计将在中国蓬勃发展，会带动一系列下游产业的共同发展。上工申贝有计划在这个领域占据一席之地。这个目标背后是张董事长对企业长期发展的宏远愿景：“工业缝纫的全球市场大小是有限的。所以上工申贝的发展也是有限的。我们需要长远考虑，寻找新的商业机会来让企业可以实现跳跃性发展。”这样的远见也许能解释为何上工申贝虽然几度面临经营困境，依然在过去的12年间取得今天的成就。这样的远见或许能够帮助上工申贝和它的子公司达到下一个发展高峰。

Ⅵ.结语

由于DA的良好业绩，上工申贝和张敏先生时常处在媒体的聚光灯下。当最早开始讨论报告案例的研究对象时，上工申贝很自然地引起了我们的注意。上工申贝不仅是中国企业对德投资的先行者，更是其中的标杆。过去12年的经验证明了上工申贝对德国子公司的承诺，也证明了中德企业间的投资并购合作是有可能获得成功的。

“是连环投资者还是企业家？”

过去几年，张先生被媒体描述成一名成功的连环投资者，但我们更愿意将他看作是一名有远见的企业家。投资者注入金钱，企业家注入远见。我们有幸问了他本人一个我们非常关注的问题：为什么中国投资者投资DA成功了，而他原来的股东却没法带着DA走出困境？

“秘诀在于基于市场趋势的清晰战略以及对管理层的信心。”

在张敏先生看来，DA属于明珠暗藏，它在缝纫技术研发方面的能力世界一流，上工相比之下落后至少30年。DA是一家技术导向的公司，许多德国公司至今仍是如此。之前DA错失了全球纺织业重心东移的机遇。上工申贝十分看重并进一步投入发展了DA的技术研发能力。与此同时上工申贝还将DA逐渐转变为以市场为导向的公司，通过不断的整合为德方以及中方的股东创造了价值。

“张先生连自己的口头承诺也完全遵守。”

——Dietrich Eickhoff，上工欧洲总经理

行动胜于言辞。最初员工们对中国股东也有怀疑。随着时间的推移，中

国股东用自己的行动赢得了信任和尊重，尤其是在共同经历了2008年和2009年的金融危机后。DA曾是大机器（指原股东FAG/Schaeffler）上的一颗螺丝钉，德国股东并不在意DA的未来发展。相反地，中国股东上工申贝却非常重视DA的价值，并且让它在推动母公司的发展中也起到了重要作用。

今天，上工申贝已经从一个曾经的传统国有企业，发展成为拥有海外15家公司的国际型企业，拥有4600名员工，其中一半是海外员工。上工欧洲贡献了上工申贝缝纫机业务板块营业额的约70%。随着欧洲以外的业务的拓展，上工欧洲或许很快会改名为上工海外。

2017年起，上工申贝进入崭新的发展阶段。在撰写本文时，上工申贝已经在政府的领导下完成了企业市场化股改的第一步。转型后，企业的领导层会有更大的决策空间和责任感。12年前，上工申贝进军西方；在接下来的12年，上工申贝带领西方的子公司将重归东方。

上工欧洲创新的脚步也没有停下。2017年在法兰克福国际纺织品及柔性材料、缝制加工展览会（Texprocess）上，DA因其最新推出的QonDAc 4.0再次获得了著名的创新奖。这是基于工业4.0理念设计研发的优化生产的一整套方案，能够远程控制管理多达1500个缝纫机，支持实时生产优化，个性化生产，大量节省成本。

以屈原的一句诗结尾：“路漫漫其修远兮，吾将上下而求索。”

均胜电子收购德国普瑞公司：共同开创大局面

关键词：民营上市公司，连环海外收购，业绩爆发式飞跃，产业链升级，产业挑战者，共赢局面

I. 案例引言和概要

像位于长江三角洲的许多同行一样，均胜电子在企业初创时颇为低调，不为外人关注。2011年，一起“蛇吞象”的交易（收购德国普瑞公司Preh GmbH）让均胜电子走上了海外快速扩张的道路。之后的一系列收购（群英Quin GmbH、IMA自动化、美国KSS和德国TS道恩等）使得均胜电子实现多次飞跃，拓展了上下游产业链，母子公司业绩均获得显著增长。均胜电子成立于2004年，2006年均胜电子的销售额仅为2000万人民币，2016年销售额已达186亿人民币（如考虑KSS和德国TS道恩全年并表，销售额为239亿人民币），较十年前增长近一千倍。许多人认为这是运气。运气固然是一部分原因，但成功背后有着怎样的故事？海外收购到底如何再造了均胜电子？

20世纪80年代，伴随着改革开放的春潮，中国出现了一大批私营家族企业，其中很多是在东部沿海的江浙一带。然而，经历了改革开放头几年的高速发展期后，中国经济尤其是私营企业遇到了第一次经济下滑带来的冲击。王剑峰先生（Jeff Wang）就出生在这样一个民营企业家的家庭。1993年，家族企业宁波甬兴车辆配件厂出现了困难，他在这个时候挺身而出接管了经营权。公司从紧固件开始，业务慢慢地拓展到汽车内饰件。1999年，甬兴车辆配件公司做到了几百万人民币的产值。同年，已经进入中国市场五年的世界五百强企业美国天合汽车集团公司正积极布局，为了扩大在华紧固件业务，寻觅合适的中国企业进行合资。经人介绍，双方决定合作。王剑峰向天合出售绝大部分股份，与天合集团合资成立天合（宁波）电子元件紧固装置有限公司，出任合资公司总经理。此后他还被委任为天合集团中国区战略发展部总经理。

“一个20来岁的年轻人，出售了家族业务的大部分股份，作为小股东，加入国际知名的汽车零件供货商，并担任合资公司总经理，这种经历不仅加深了王剑峰对全球汽车供应商行业的认识，也为后来我们做的海外收购并购带来极大的益处。因为王剑峰本身就亲身经历过家族企业股权的变更，深刻理解并购后的整合和价值提升，了解如何能调动被收购方的管理层的积极性，实现最大的协调效用。”均胜集团副总裁郭志明先生透露，正是这五年的国际平台经验让王剑峰先生认识到，汽车电子是一个极具潜力的市场。

2004年，经历了五年的学习和成长期后，王剑峰决定再次“下海”，创立了均胜集团，从事汽车零部件业务。均胜电子从建立伊始，就特别重视产品设计。开发、生产的一体化，特别是对汽车主机厂客户的需求的深入研究和把握，成为均胜电子的制胜秘诀。“人家从拷贝开始，我们从研发开始。”公司创始人之一、均胜集团总裁、副董事长范金洪先生说。从研发开始的发展战略使得均胜电子起步阶段销售规模上升相对较慢，成立两年后才达到2000多万元人民币的销售额，在同行中看似并不起眼，但同时也为后来的发展打下了坚实基础。

外界真正关注到宁波的这家地方企业，是从均胜电子自2010年起的一系列海外收并购以及资本运作开始的。

- A股上市：2010年，公司成功借壳辽源得亨上市，成为其第一大股东。2011年，均胜电子的资产重组方案获得了证监会通过，进入资产重组和新资产注入阶段，以一家普通民企的身份跻身资本市场，成为上海A股上市公司。
- 试水海外收购：2011年均胜电子并购老牌汽车电子零部件供应商德国普瑞公司，获得其74.9%的股权；2012年12月，均胜电子完成剩余股权交割手续，拥有普瑞100%股权，并将普瑞公司资产注入上市公司，成为上交所首家拥有国际品牌的汽车电子公司。
- 连续海外收购：2013年均胜电子通过普瑞收购IMA自动化公司。2014年收购汽车高端内饰件及方向盘制造商群英公司。2016年通过Preh IMA（PIA）收购美国EVANA Automation 100%股权和相关知识产权。2016年逾11亿美元收购汽车安全系统供应商KSS和德国智能车联公司TS德累斯顿。

通过多次外延式并购，均胜电子由一家名不见经传的、产值2000万人民币的小企业，一跃成为了中国汽车电子和智能制造领域内的一面旗帜，2016年产值近200亿元人民币（图13）。

2004	均胜集团成立。均胜电子确立了与汽车主机厂同步设计开发的战略方向，产品涉及发动机进气管、洗涤器、空调出风口等。到了2006年，公司开始为大众、通用、福特供货。
2008—2010	均胜电子于2008年晋级成为大众的A级供应商，同时成为通用的全球供应商。公司通过不断创新发展，逐步确立了产品细分市场的领先地位，在国内汽车零部件市场崭露头角。
2010—2011	2010年，均胜电子与德国普瑞合作，成立宁波普瑞均胜汽车电子有限公司。2011年6月，均胜集团成功并购普瑞公司，被评选为年度中国十大并购案之一。
2011	2011年12月，完成*ST得亨的重组方案，借壳辽源得亨在上海证交所主板上市。
2012	均胜集团通过增发方式将德国普瑞注入上市公司均胜电子，均胜电子成为中国拥有自主知识产权的国际性汽车电子股份公司，上市汽车电子第一股。
2013—2014	德国市场连环收购，公司先后收购了德国工业自动化公司IMA、德国高端内饰件公司QUIN。
2016	通过全资子公司PIA收购美国工业机器人和自动化系统公司EVANA。均胜电子并购美国汽车安全系统供应商KSS和德国智能车联公司ST德累斯顿。

资料来源：均胜电子

图13：均胜电子发展重要里程示意图

循环而又成功的海外收购，使得均胜电子十年内销售额增长近千倍（图14）。

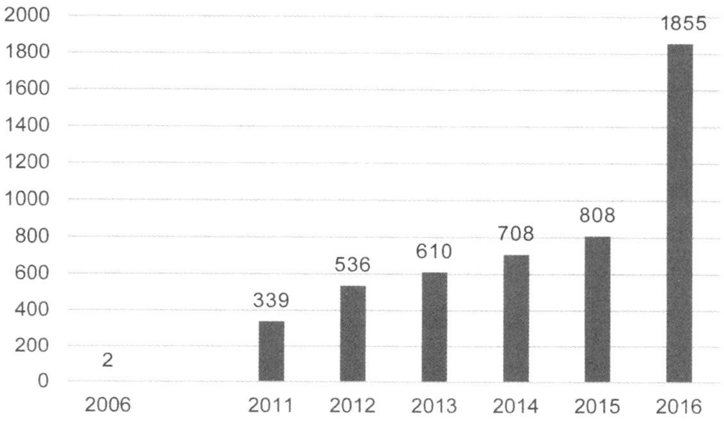

资料来源：均胜电子

图14：2006年至2016年均胜电子销售额（单位：千万元人民币）

更为重要的是，均胜凭借跨境并购完成了业务多元化和全球化，打通了转型升级的通道，形成了多条业务高速并进的势头（图15）。

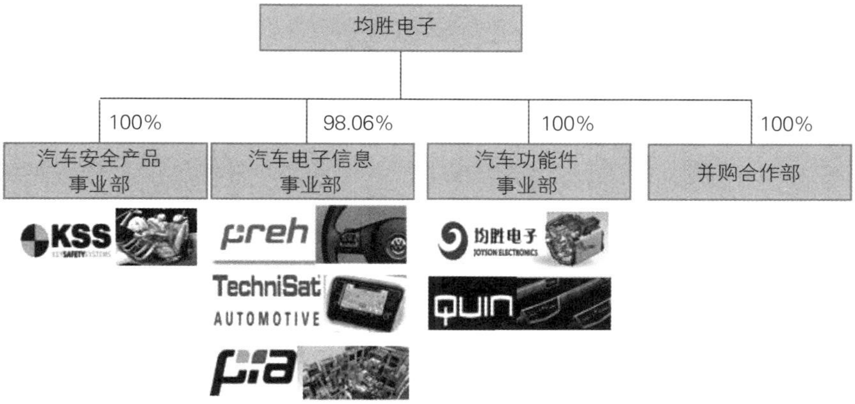

资料来源：同花顺

图15：2016年均胜电子事业部架构

均胜电子预计，2017年该公司产值将超过300亿元，正以“挑战者”的身份跻身国际知名的高端汽车电子零件供应商之列。这家公司的成长史是中国民营汽车配件公司通过资本运作、外延和内生增长的范本。这一切源于均胜电子和普瑞的一次亲密接触。因此，收购普瑞不仅仅是这家公司出海的第一个“大单”，也是公司全球战略逐步成形的重要一步。

如果说收购合同是一张结婚证，那么婚后的磨合又是怎样呢？2010年均胜电子的营业额不过10多亿人民币，却压上了全部家当花费16亿人民币迎娶德国普瑞。当年的普瑞销售额不到4亿欧元，2016年预计逾8亿欧元，年复增长率超过20%，是什么成就了这场中德联姻，实现了一加一大于二？

II. 收购背景

在2004年成立后，均胜电子主要生产汽车功能件等非核心汽车零部件。公司管理层在初创阶段就制定了要致力于成为主机厂核心供应商的战略。2006年，均胜电子在长春建立汽车零部件生产基地，对一汽就地供货，之后陆续为大众、通用、福特供货，产品涉及发动机进气管、洗涤器、空调出风口等。

这段时间正是中国汽车业高速发展的时期，民众对汽车消费需求和购买能力不断上升，中国快速地赶超先进国家，进入汽车消费普及阶段。2008年的金融危机使世界汽车产业格局发生了深刻变化。随着美国三大巨头（通用、福特和克莱斯勒）的破产重组，世界汽车产业的重心向中国转移。2009年开始我国汽车销量跃居全球首位，2013年我国汽车销量达到2198万辆，同比增长13.87%，连续五年排名全球首位（图16）。回顾2004年均胜集团初创

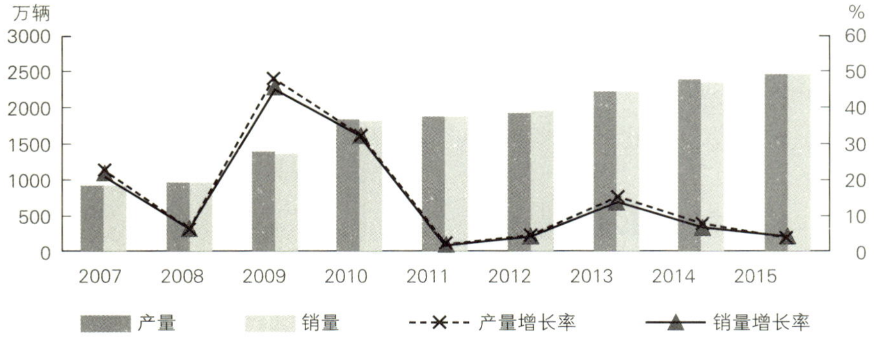

资料来源：中国汽车工业协会

图16：2007年至2015年中国汽车产销和增长

之际，中国年乘用车销量还只有240万辆左右。

汽车整车包含约三万个零部件，汽车零部件制造业是汽车工业的基础。整车产销连年增长给中国的汽车零部件厂商带来了极大的机遇。虽然中国汽车零部件企业数量众多，但与欧美、日本等汽车强国相比还存在较大差距，尤其是在自主创新能力以及核心技术掌握方面尤为明显。

2011年以来我国汽车销量增速明显放缓，给汽车零部件生产企业带来一定外部经营压力，主要是受政策和市场等多方面因素影响：从政策层面来看，主要是2009年开始实施的汽车消费优惠政策的退出以及部分城市在2011年开始实施的治堵限购政策；从市场层面来看，主要是在经过连续10年的高速增长，特别是经历了2009年和2010年的“井喷式”增长后，部分市场需求已提前释放，汽车市场开始进入调整期。

均胜电子在这样的大环境下产值虽然连年增长，但受汽车功能件业务的技术含量不高限制，利润面临着客户和对手的双重挤压。均胜电子董事长王剑峰先生用“利润就跟刀片一样薄”来形容当时为争夺业务大打价格战时的惨烈。

机会与挑战总是并存的。消费者对安全、舒适及环保的要求，促使整车厂在汽车电子零部件方面向中低端车高配置化发展，汽车电子普及成为市场的热点。均胜电子管理层经过长时期的研究，了解了相关的行业政策动态，并在咨询相关专业机构的基础上，明确了以汽车电子作为集团未来业务发展大方向，在全球搜寻合适合作资源的战略，德国普瑞从而进入了均胜电子的视线。

德国萨勒河畔巴特诺伊施塔特城，1919年3月11日，Jakob Preh在这里的一家餐厅里创建了普瑞公司，生产电子零部件。随着无线电时代开启，Jakob Preh开发出了Preh Funk收音机，成为该领域首批德国生产商之一。1945年到1988年，普瑞的产品主要专注于无线电和电视电子元件，树立了行业标准。1969年，公司年度销售额创纪录地达到了9200万德国马克。1988年，公司进军汽车电子元件市场，开发了首台空调控制器和电位器式节流阀控制传感器。

1993年，莱茵金属柏林股份公司获得普瑞的控股权。2000年，普瑞的销售额达到2.2亿欧元，在德国本土和海外的员工总数则达到了1970名，业务重点转向提供智能化机械电子解决方案。2003年私募基金DBAG控股普瑞后，普瑞加速了在美国的扩张，在墨西哥和罗马尼亚等地区建立生产基地，连续多年保持两位数增长。在2010年全球汽车电子行业发明专利排行榜上，普瑞以98项发明专利高居行业第七，位列德尔福技术和大陆汽车系统等汽车供应商巨头之前。其主营产品电池管理系统和驾驶员控制系统的用户涵盖宝马、奔驰和劳斯莱斯等多家高端汽车生产商。和德国知名的汽车电子集团博世和大陆集团等相比，普瑞是典型的德国隐形冠军。然而，在汽车产量已经跃居世界第一的中国市场，普瑞的布局和投入还几乎一片空白。在均胜电子入主前，普瑞是上海大众空调控制系统的供应商，但业务量不大，而且在中国的组织架构也非常精简，仅在上海有一个仅有一个人的办公室。

2006年前后，中国南北大众调整采购战略，希望能够在中国市场与本地的汽车电子供应商合作。在获知这个信息后，均胜电子在2007年就和普瑞有过接触，谈过讨论成立合资公司，共同开拓中国市场的汽车电子业务。当时均胜电子高管特地飞往德国，希望以合力开发中国市场为突破口，说服普瑞同均胜电子建立合作关系，结果却被普瑞“婉言谢绝”。不过，这次出海虽然未能如愿以偿，但也并非一无所获。均胜电子与普瑞从此建立了联系，形成了双方管理层互访的习惯，为逐渐建立互信奠定了良好的基础。

2008年开始的全球金融危机为均胜电子提供了一次转机，DBAG对普瑞的投资到了退出期的时间点。在欧洲汽车行业深受危机影响的时候，中国的汽车业保持了稳定的增长，DBAG把目光投向了中国投资者。为了保持普瑞品牌的相对独立性和可持续发展，DBAG对潜在投资者的目标进行了明确的界定：家族企业，有上市公司平台和融资能力，愿意持续开发新兴市场的中国企业。

这时，均胜电子把普瑞的管理层请到了中国。当普瑞管理层来到中国时，他们应该万万没想到，中国之行的其中一站会被拉到一片农田前，听王剑峰向他们介绍将在这片农田上建成全新工业园等一系列听似宏伟的战略计划，以稳健保守著称的德国人自然不以为意。“实际上老外见能忽悠的中国人太多了。估计他们觉得这小子肯定在忽悠我。”王剑峰先生笑着回忆说。

到了2009年，普瑞管理层听闻均胜电子完成了对汽车零部件公司上海华德的并购，产业链得到扩展，市场份额大幅提升的消息后，仍将信将疑，决定再次来到中国进行实地考察。当看到工业园拔地而起，华德也确实纳入均胜电子麾下开始正常运营，他们为均胜电子速度惊叹的同时，也开始相信均胜电子确实有志于在汽车零部件领域有一番作为。均胜电子用行动赢得了普瑞的信任。

普瑞接受了来自均胜电子的橄榄枝，并购谈判的序幕正式拉开。均胜电子的管理团队虽然有外企工作经验，但是海外收购还是第一次，谁都没有经验，只能摸着石头过河。尽职调查流程不熟悉，谈判过程冗长。为了把握瞬息即逝的市场机遇，均胜电子和普瑞在2010年决定先成立一家合资公司，布局中国市场。

“在几个月的合作期间，我们双方决定打造更紧密的关系，最终达成了这宗收购交易。”均胜集团副总裁郭志明先生表示。由于当时均胜集团正在借壳上市，审批程序漫长，为了尽快锁定优质标地普瑞，均胜电子管理层决定先用集团的名义签下普瑞，再利用增发的形式将普瑞的资产注入上市公司。2011年4月8日，均胜集团和普瑞公司股东代表签约，2011年6月27日完成交割，收购价格为16亿元人民币，包括普瑞98项技术专利。

虽然彼时中国企业并购外资企业案例并不少见，但通过上市公司增发股票后注入上市公司内，均胜电子是首例。均胜电子的资产注入方案分两步进行：2011年中，均胜集团获得德国普瑞约74.9%的股份，而其余的25.1%还在其他小股东手中。因此第一步均胜电子将采用向大股东均胜集团增发新股的方式，收购其持有的德国普瑞74.9%的股份，然后均胜电子再以现金收购其他股东持有的25.1%股份。特别的是，均胜集团注入的资本是海外资产，相当于是德国普瑞的资产在中国实现了上市（图17）。

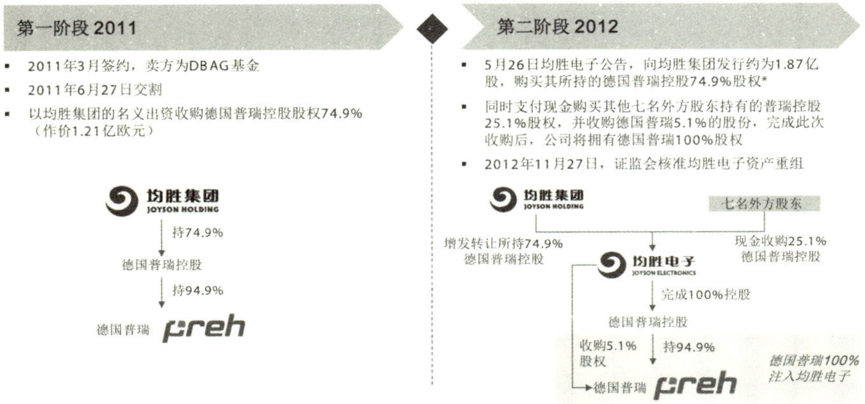

2011年12月重组辽源得亨，借壳上市，
均胜电子代码600699

*作价1.87亿欧元。溢价主要原因是 1. 均胜集团第一次收购时欧洲经济低谷故估价低 2. 该估价包含前期的中介和咨询费用 3. 2011到2012年普瑞近1年半留成收益将归属上市公司 4. 均胜集团承担的欧元汇兑损失 5. 均胜集团和德国普瑞签署的5.1%股权收购协议所需承担的3%的年息

资料来源：西蒙顾和案头调查

图17：收购普瑞交易两个阶段示意图

III. 收购动机和战略

“2010年均胜电子的汽车零部件销售额突破13亿元，2011年实现了20亿元的销售目标。”均胜集团副总裁郭志明先生介绍道。虽然均胜电子在国内民营汽配行业里已取得领先，并在汽车电子领域连续投入几千万元研发费用，但与国际先进企业相比，技术差距仍相当明显，新产品研发一直没有取得突破性进展。通过收购进军汽车电子高端市场，无疑是均胜电子突破发展“天花板”的重要途径。

16亿人民币的收购价在今天的均胜电子看来不是大钱，但是在当年这几乎是个天文数字。2010年的均胜电子产值刚刚突破13亿人民币，普瑞的销售额却高达3.5亿欧元（按当时汇率计算约为35亿人民币）。普瑞的收购价几乎已经超过集团能承受的范围，但为什么均胜电子还是敢押宝普瑞呢?

- 第一，原功能件业务利润太薄，逼着均胜电子走出去。“实际上，在2009年的时候，我们周边做汽车塑料内饰件的民企就已经非常多了，如果我们在这条路上继续走，会在竞争红海中越陷越深，无利可图。同时，从行业内部也很难突破。所有高平台、高利润的领域全都把控在世界五百强的公司手里，例如西门子和伟世通等。此外，由于主机厂的规定限制，中国企业进入行业的渠道几乎被屏蔽了，这样我们根本无法拿到相关订单。所以，在这样的环境中，我们必须突破技术壁垒，而最快的方式就是收购拥有技术的海外公司。”王剑峰先生表示。

- 第二，产业升级。汽车电子市场规模超千亿，德国普瑞不仅可完善均胜集团汽车零配件产业链，也可以使其产业升级，同时可借助德国普瑞海外品牌走向国际。中国汽车和汽配行业虽然市场巨大，但是本土企业的技术相对薄弱，尤其是汽车电子领域，关键的技术几乎都掌握在外资企业手里。“如果不是并购，我们恐怕还要很长时间才能达到现在的竞争力；如果仅仅依靠自己的力量，或许我们一辈子都无法赶上国际一流的技术水平。”谈起并购，宁波均胜电子投资集团有限公司副总裁叶树平先生颇有感慨。
- 第三，业务的互补性，德国技术嫁接中国市场。均胜电子经过多年的市场深耕，已经形成了一定的业务和市场开发的能力，对全球第一大汽车市场中国市场的前瞻性把握是均胜电子的强项。德国普瑞的技术在全球都领先，然而其市场集中于欧洲、北美，在汽车增速相对更高的新兴市场尤其是中国市场才刚刚起步。
- 第四，客户和渠道资源共享。普瑞在欧洲和全球已经是主流主机厂的供货商，如宝马的iDrive系统，这个客户资源是均胜电子靠自己的内生增长所难以获得的。加之国际整车厂全球采购策略的变化，在中国市场持续推进本土化和寻求当地合作伙伴。这个均胜电子–普瑞的组合提供了广阔的业务前景。
- 第五，德国普瑞是汽车电子的隐形冠军，本身资质不错。即便面临欧洲债务危机和全球经济放缓的压力，公司在2005年到2010年间仍实现了收入复合增速9.8%。被均胜电子收购后，普瑞的增收速度明显加快，2010年到2015年普瑞收入增幅明显提升，复合增速升至17.4%。2010年普瑞营业额不到4亿欧元，预计2016年普瑞全球销售额可以达到8.5亿欧元。
- 第六，高层管理团队的文化认同。这是一个重要因素也是最为关键的一点。并购如同婚姻，管理层的信任是合作互赢的根基，双方管理团队必须认可对方的理念和合作发展的目标。在和普瑞管理层的长时间接触中，均胜电子管理层和普瑞以及普瑞当时的股东DBAG形成了很好的信任合作关系。

在谈及收购前的战略时，均胜电子的相关管理层表示，当时只是有向汽车电子发展的意愿，有大致的蓝图，比如在收购完成后普瑞的全球业务增长率应达到两位数，并且中国业务五年后（即2016年左右）达到10亿人民币的规模。当时德国管理层都觉得这似乎是天方夜谭，然而事实上这些目标基本上都实现了。

当时主要参与均胜电子收购普瑞的团队十分精简，由王剑峰先生亲自带领，加上郭志明先生和蔡正欣先生两位一同“摸着石头过河”。郭先生和蔡先生在接受采访时表示，均胜电子收购普瑞更多的战略规划是在和普瑞管理层协调的过程中完成的。普瑞管理层对均胜电子的支持是交易成功和之后业务发展的基础。

Michael Roesnick博士从1999年起担任德国普瑞总裁兼首席执行官，直到2016年退休，先后历经普瑞被DBAG公司和均胜电子收购等普瑞历史上的大事件。他在均胜电子完成收购后接受中国媒体采访时强调了选择均胜电子的正确性：“普瑞管理层对此次收购非常支持，并在新阵容中看到了巨大的机会，特别是那些关系到我们中国业务快速增长的机会。和均胜电子一起，我们可以更好地进入中国采购市场，并且大量增资也加强了普瑞的股本，这些将进一步加速我们的成长。我也看到了一些跨文化间的挑战，双方都要继续互相学习。但我们并不是从零开始，毕竟我们已经认识这个合资伙伴三年多时间了。”

当然，一个成功的收购也离不开原股东的支持。时任德国普瑞监事会主席的Rolf Scheffels博士（也是DBAG公司的执行董事）认为，均胜电子在收购谈判中提出的共同开拓中国市场的方案是对普瑞业务的完美补充，将会把普瑞带到下一个发展阶段，形成亚洲市场、欧洲和美国市场的广泛合作和发展。而且普瑞不必为此做出巨大的组织架构调整，便可以快速实现收购后的协同效应。

IV. 并购后整合和转型

彼时中国企业海外并购的成功案例很少，可以照搬的经验几乎没有。中国买家通常会采取“放权”的方式来消除德方的顾虑。一方面是因为与被收购对象有关的供应商、客户、中层管理者、技术工人等各个层面的人都会对中国企业的收购行为产生不安，这一点在汽车配件行业尤其敏感。普瑞是宝马、奥迪等整车厂的供应商，客户在得知普瑞由中国企业接手后也会有顾虑，怕中国股东把自己的技术拿去向自己的竞争对手披露。所以管理团队的稳定性至关重要。另一方面也是因为中国企业的国际人才储备不足，有丰富国际管理经验的人才往往同时担任总部的关键职位，没有足够的时间全职处理海外收购的子公司业务。面对法规、管理、文化等各方面的冲突，均胜人结合均胜电子和普瑞的实际情况，靠着自己的摸索开拓出了一条可行之道。

从“普瑞还是普瑞”到“普瑞是均胜电子大家庭中的一员”

2005年，北京第一机床厂（北一）全资收购德国科堡公司，后者在全球重型机床行业排名第一，且技术世界领先。为了安抚德国工人恐被裁员的心理，北一提出了“科堡还是科堡”。除战略层面与北一一致外，北一将企业的自主经营权交给德国管理层，自己不参与具体业务。“这就是均胜电子收购普瑞的模板。”郭志明先生回忆说，“当时并购双方认同在完成交易之后初期应当维稳，所以提出了‘普瑞还是普瑞’的说法。管理团队的稳定是核心竞争力，普瑞当时的团队在公司都有超过十年的经验，可以通过他们让普瑞的中层和基层员工了解均胜电子，稳定中层管理者和技术人员的信心。他们也需要过渡期，毕竟一开始还不能确定企业被中国企业拿去后，自己会受到什么影响。”

为了保持收购过程和后续业务的平稳过渡，均胜电子决定让原先的股东DBAG逐步退出。普瑞原本的管理层有三名DBAG的管理人员，在2011年完成74.9%的股份收购后，均胜电子没有撤掉其中的任何一个，直到2012年完成全面收购后，才“重新”组建了管理层团队。高管团队由5人组成，各司其职。在“新”团队中，均胜电子在保留了普瑞原有管理人员的基础上，加入了由均胜电子派出的蔡正欣先生，协助普瑞和投资者均胜电子之间的沟通并协助中国业务的拓展。之后蔡正欣先生出任普瑞CSCO（首席供应链执行官）负责集团采购、供应链管理和商用车部门。此外，Jochen Ehreberg先生在2012年升职加入了管理层（图18）。

Michael Roesnick博士
CEO，运营与品质

Ernst-Rudolph Bauer博士
财务/管理，IT与人力资源

蔡正欣先生（Charlie）
中国业务

Christoph Hummel先生
销售与市场管理

Jochen Ehrenberg先生
产品开发与采购

资料来源：Preh GmbH

图18：2011年均胜电子入主后普瑞管理层组织架构

和德国众多中小企业一样，普瑞作为有限责任公司不设董事会，设六人监事会。按规定，监事会其中的两人是雇员代表，股东指派的四人包括均胜电子董事长王剑峰先生、副总裁郭志明先生，一名由均胜电子外聘来的汽车电子零配件专家Willibert Schleuter博士，以及普瑞原大股东DBAG的执行董事Rolf Scheffels博士。2015年底，在普瑞工作达16年的首席行政官Michael Roesnick博士因年龄原因退休，时年49岁的原负责销售和市场营销的管理人员Christoph Hummel先生接任普瑞CEO，实现了管理层的平稳过渡。Michael Roesnick博士则转至普瑞的监事会，出任监事会主席一职。主管财务的Ernst-Rudolf Bauer博士在2016年5月同样以年龄原因辞去CFO（首席财务官）一职，由Rui Marques Dias先生继任。蔡正欣先生继续在管理层任职。另外一名高管Stavros Mitrakis先生来自松下欧洲汽车和工业系统公司，2017年起负责普瑞车联公司（2016年均胜电子在德国收购的TechniSat，在此基础上组建普瑞车联业务）。至此，普瑞完成了在均胜电子入股以后的第一次高管调整（图19）。

Christoph Hummel 先生
总裁兼首席执行官

蔡正欣 先生
采购/供应链管理/商用车部门

Jochen Ehrenberg 先生
产品开发

Rui Marques Dias 先生
董事经理

Stavros Mitrakis 先生
普瑞车联公司

资料来源：Preh GmbH

图19：2017年普瑞管理层组织架构

监事会的成员也因年龄和换届在2016年做出了微调，Michael Roesnick博士担任监事会主席，Jürgen Weyer先生接替Willibert Schleuter博士（69岁）。现股东均胜电子董事长王剑峰先生和原股东DBAG的Rolf Scheffels博士继续任监事，其余两名监事由企业职工代表履行（图20）。

Michael Roesnick博士
监事会主席

王剑锋
监事会副主席，宁波均胜电子
股份 有限公司董事长

Rolf Scheffels博士
Deutsche Beteiligungs AG董事会董事

Jürgen Weyer先生
普瑞有限公司监事会成员

Egon Friedel先生
普瑞有限公司员工委员会主席

Elfriede Hauck女士
普瑞有限公司员工委员会专职委员

资料来源：Preh GmbH

图20：2017年普瑞监事会组织架构

普瑞是细分行业的隐形冠军，均胜电子投资的时候也正是看中了这一点。作为入主后的股东，均胜电子也践行了隐形冠军的一大成功因素，即“极高的管理持续性”。根据赫尔曼·西蒙教授在《隐形冠军》一书中的研究显示：大型企业管理者在职的平均年限为6.1年，而隐形冠军管理层的在职时间要远超于这个数，平均在20年左右。普瑞管理委员会原总裁在公司工作了16年，原CFO在公司工作了20年。普瑞核心管理层的持续性，为普瑞的快速发展提供了坚实的基础。不仅仅是高层管理团队，“我们很多员工两代三代人都在公司工作，在公司年会上，我们经常听到有些员工在普瑞干了25年，40年，最长的甚至50年”。郭志明先生的介绍再次印证了普瑞隐形冠军的基因。

随着时间的推移以及交流合作的加深，德国普瑞和中国均胜电子之间的界限变得模糊起来。渐渐地，虽然普瑞还是普瑞，但是普瑞尤其是德方的管理层也开始逐渐认同自己是均胜电子大家庭中的一员，并且为均胜电子的进一步发展贡献自己的力量。

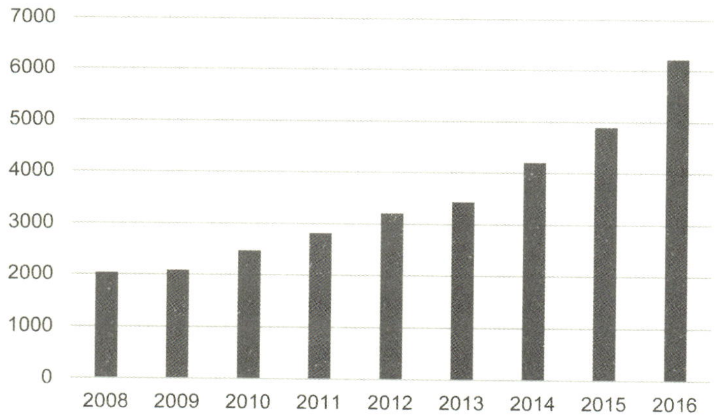

资料来源：Preh GmbH

图21：2008年至2016年普瑞员工数量发展

考核激励机制

企业兼并整合，信任是释放潜力和协同效应的关键。在收购前，均胜集团和普瑞在德国和中国管理层的多次洽谈中建立起了双方合作信任的基础。在收购后，相互的信任也是企业成功快速发展的一大秘诀。尤其是在交割完成后的很长时间内，均胜电子给予了普瑞及其管理层高度的业务自主权。

然而高度的业务自主权并不意味着放任自由。如何对普瑞的管理团队进行考核，如何制定业务指标以及如何激励高管团队，均胜电子高层下了苦功。当时负责交易和主管集团人事的郭志明副总裁与德国普瑞团队花了好几个月时间，共同协商制订业务发展计划和考核KPI。对于业绩考核的KPI，均胜电子也是做足了功课，大量研究了国内外对标企业的发展情况。

根据2011年前设想的交易方案，均胜电子将通过发行股份购买大股东均胜集团持有的德国普瑞控股74.9%的股权及德国普瑞5.1%的股权（德国普瑞控股直接持有德国普瑞94.9%的股权），同时支付现金购买其他七名外方交易对象持有的德国普瑞控股25.1%的股权，进而募集配套资金。这也就意味着，随着2012年交易的全部完成，德国普瑞的管理层持股被悉数收购，当时很多投资分析机构把这看成交易中最大的硬伤。德国普瑞主要的生产销售都在海外，尤其是欧洲业务占比相当高。身处汽车零部件这样的传统制造业，管理层持股被悉数收购，均胜电子今后用什么留住人才？有投资者提出了这样的质疑。更悲观的观点认为，在管理层离场后，德国普瑞可能还能为上市公司贡献一两年的利润，但未来则有沦为“空壳”的巨大风险。2013年6月均胜电子的一份临时报告消除了投资者的顾虑，均胜电子宣布对普瑞管理层实施股权激励：

- 根据管理层参与计划的设计，均胜电子将其持有的德国普瑞控股1.938%的股权以合计468万欧元的价格分别以有限制性的方式（买卖双方固定）出售给德国普瑞五名执行董事（Michael Roesnick博士，Ernst-Rudolf Bauer博士，Christoph Hummel先生，蔡正欣先生和Jochen Ehrenberg先生）以及由24名德国普瑞控股中层管理人员组成的合伙企业NES MPP GmbH & Co. KG。
- 其中五名执行董事合计占转让股份中的66%，NES MPP占余下的34%。
- 受让双方约定在未来一段时期内依据公司业绩实现情况和管理团队的履职表现等因素定价予以回购。

“为了更好地激励高管团队，我们把德国普瑞部分股权转让给德国普瑞管理团队。如果他们在五年后业绩做到一定的程度，我们会回购这些股权。我感觉我们是中国企业海外并购里面第一个采用股权激励的，而且我们的股权激励包括销售、技术等综合能力的增长，不单纯看销售和利润。”均胜电子董事长王剑峰在股权激励披露后接受媒体采访时表示。

在普瑞控股管理团队实施激励措施期间，普瑞控股公司经营业绩由2011年实现营业收入4.12亿欧元，快速增长到2015年实现营业收入7.63亿欧元，年复合增长率达到17%，同时在2015年实现净利润4748万欧元，均胜电子对普瑞中高层管理人员的激励方案经受住了实践的检验。

2016年，均胜电子和德国子公司普瑞控股共同发起收购德国TS道恩汽车行业模块化信息系统开发和供应、导航辅助驾驶和智能车联的业务。根据公司战略部署，TS汽车信息板块业务将并入公司汽车电子事业部普瑞控股旗下，普瑞控股公司结构即将发生重大变化。基于上述原因，均胜电子和普瑞控股双方同意2013年制定的普瑞控股激励措施到期结算，2016年4月13日，均胜电子以接近2000万欧元的价格回购了普瑞控股管理团队持有的普瑞控股1.938%的股份，此时普瑞的营收额从收购前的不到4亿欧元已经增长到8.4亿欧元，并且还有价值2亿欧元的新订单。这意味着在短短三年间管理层拥有的股权增值了四倍多。此次回购并不是单纯的收回股份，董事会决议中，均胜电子表示在德国TS项目收购完成后，将和普瑞控股以及TS汽车信息板块业务的经营管理层和骨干员工进行沟通，重新制定有效的激励措施，以保证公司汽车电子相关业务继续快速发展。

持续的研发投入

均胜电子收购普瑞的初衷就是为突破国外技术壁垒，实现产品升级。在收购完成后，均胜电子普瑞尤其重视在汽车电子和中控系统的研发投入。在2013年的上海国际车展上，普瑞公司向大家展示了如何将创新的普瑞中控台概念技术应用在目前正在量产的车辆上。将该项技术作为标配应用引入的产品包括林肯MKZ系列的智能中控台以及宝马7系的内置触控板的iDrive控制器（图22）。

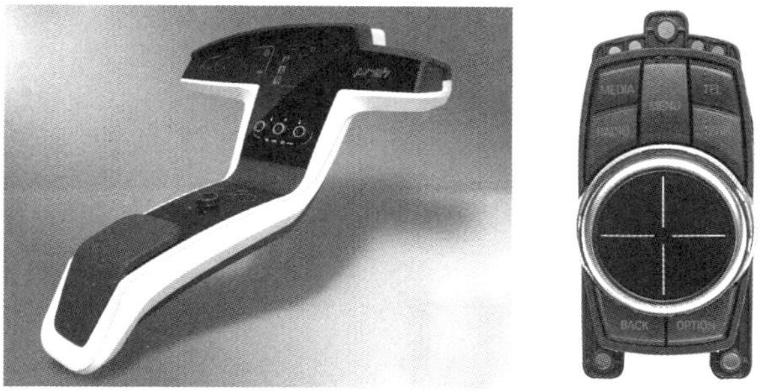

资料来源：Preh GmbH

图22：中控台概念和宝马7系的iDrive Touch

在历年年报的管理层论述中，均胜电子多次强调研发的重要性。回顾12年的发展历程时，均胜电子总结的第一个成功因素就是对技术和研发的持续投入。这既包括内生的投入，也包括外延式的全球资源统筹优化。根据西蒙教授的研究，普通企业一般研发投入占销售收入的3%，全球1000强为3.6%，而隐形冠军企业的研发投入高达6%。对标隐形冠军，均胜电子在2015年研发投入突破6%（图23），从2012年到2016年均胜电子的研发投入年复增长率高达66%。据普瑞首席供应链执行官蔡正欣先生表示，德国普瑞对研发一直很重视，研发费用占销售收入比重高于集团平均水平，多年来保持在9%左右。

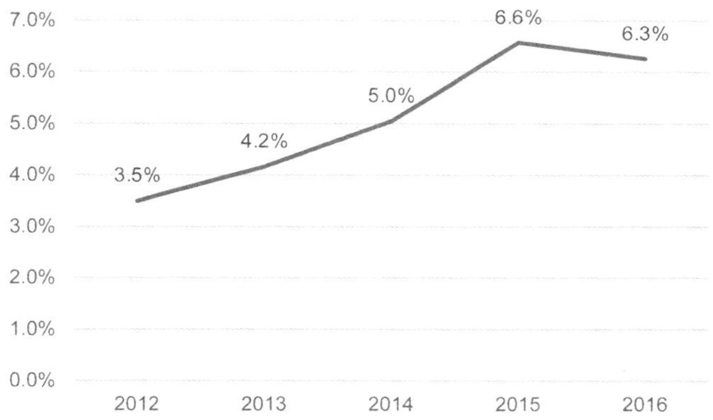

资料来源：均胜电子

图23：2012年至2016年均胜电子研发支出占销售比重

2013年均胜电子的研发人员超过1000人，包括德国600多人和中国400多人，这些科研投入为打造企业的核心竞争力提供了保障。同时，均胜电子不断引入海内外优秀人才，还与美国密歇根大学、德国维尔兹堡大学、上海同济大学、浙江大学机械学院等知名高校建立合作项目，为企业发展储备人才。2016年，均胜电子在全球建立了三大主要研发中心，具备完整的硬件设计、软件开发和数据处理能力，工程技术和研发人员的总数已超2000人。可以说，高强度的持续研发投入是均胜电子继续壮大的坚实支撑。

在仅仅五年时间内，均胜电子的销售额从33亿人民币快速增长到2016年的186亿人民币，年复增长率高达40%。内生外延双轮驱动，使得均胜电子跻身国际主流汽车供应商的行列。根据公司计划，2017年均胜电子将在中国建立全球研发中心，旗下KSS的主动安全和Preh智能车联在中国的研发中心也将继续扩张，加速全球技术和中国市场结合。未来将实现各产品线的深度融合，向系统集成商升级。

开拓新市场

并购普瑞之后，均胜电子积极协助普瑞在亚太和北美开拓市场，客户资源和渠道的共享使得双方受益匪浅。先期以客户关系较好的德系主机厂为主，后期也开始拓展福特、通用等美系厂商，现在已经形成了包括奥迪、宝马、戴姆勒、保时捷、大众、通用、福特等高端整车厂在内的客户群。

在并购后初期，普瑞的业务主要集中在欧洲。均胜电子的入主为普瑞进一步开拓全球最大的汽车市场——中国市场提供了便利。德国技术在中国市场再创新和本地化（如与上海同济大学开展在电池管理系统科研方面的合作），依靠均胜电子的本土化优势和协调优势，合资企业宁波普瑞多年来保持每年翻番增长。

普瑞走向海外的过程也是均胜电子业务逐步国际化的过程。从2012年以来，均胜电子销售额的近70%来自国际市场，成为名副其实的国际汽配商。技术合作、客户共享、渠道协同、管理互通、战略统筹的市场拓展计划，辅之以相对独立但有序的产品开发，均胜电子在和普瑞联合后，实现了毛利率的稳定提升（图24）。

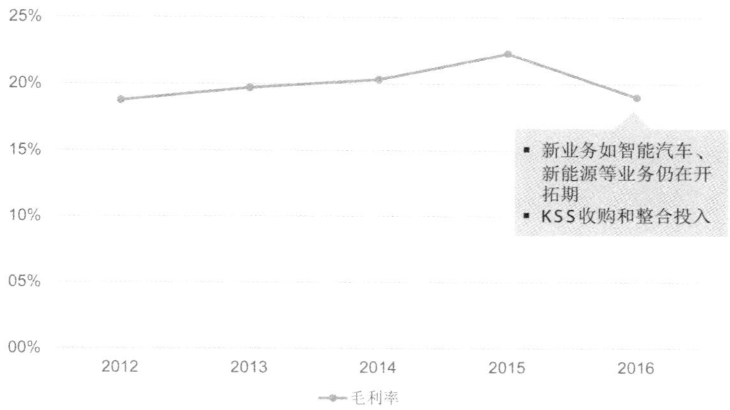

资料来源：均胜电子

图24：2012年至2016年均胜电子毛利率发展

在均胜电子收购普瑞的时候，资本市场有一些不认同的声音。经过了近五年的磨合和共同发展，均胜电子用实打实的业绩和深思熟虑的战略规划给投资者交出了一份满意的答卷，股价走势远强于同期上证指数（图25）。2011年在合并普瑞前，均胜电子的市值仅为10亿人民币左右。截至2017年第一季度末，均胜电子的市值将近300亿人民币。

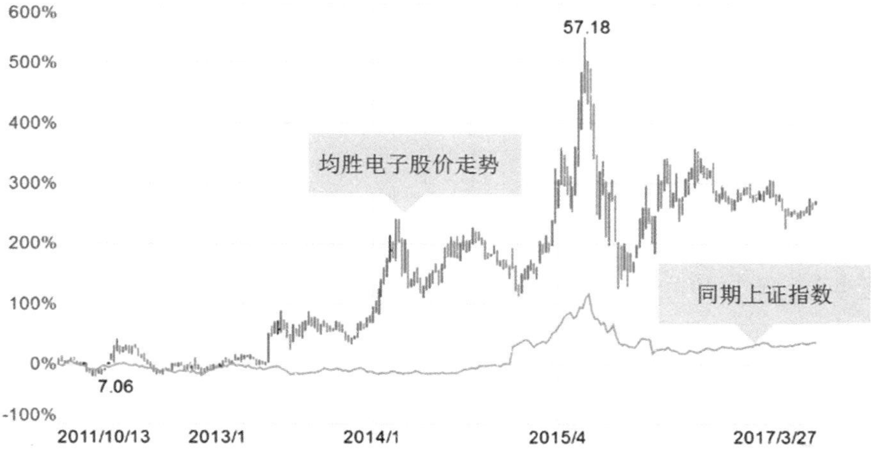

资料来源：新浪财经

图25：2011年至2017年均胜电子股价走势

文化和管理融合

业务整合之外，管理和团队的整合也是并购后的一大关键。中德文化存在差异，尤其是均胜电子和普瑞企业工作方式不同，需要特别关注。“收购伊始，建立信任是关键。由于文化和管理方面的差异，双方可能会有分歧甚至矛盾，而解决分歧最好的方式就是互相理解、加强沟通、建立信任，在必要的时候也要有所妥协”。作为均胜电子第一位也是迄今唯一常驻普瑞的高级管理人员，蔡正欣先生对整合的挑战深有体会。

企业发展的轨迹不同、管理层管理的方式和团队工作的方式的差异，是均胜电子收购普瑞后遇到的现实困难。收购完成后初期，均胜电子出于利用中国市场生产成本优势的考虑，建议普瑞关闭在罗马尼亚的工厂，遭遇普瑞管理层的反对。普瑞的管理人员系统地给董事会解释在罗马尼亚设厂的逻辑，包括物流方面的便利，贴近研发中心，德语区罗马尼亚籍工程师沟通障碍少，以及“欧盟制造”的质量保证等考虑，最终说服了均胜电子的董事会。最终，普瑞不仅保留了当地的生产基地，而且还扩大了产能，工作人员从100人扩大到800人左右。

最初双方对于中国业务发展的战略规划也意见相左。德国普瑞认为均胜电子在中国市场每年两位数增长的计划过于激进，而且对于开发中国业务的资源投入，尤其是人员数量核算，偏向按部就班、逐步推进。“如何让普瑞管理层认可中国股东看似激进的市场策略？沟通沟通再沟通，用事实说话，让业务发展来证明。”郭志明先生回忆道，“现在回过头来看，我们当时制订的计划都已超前完成。普瑞在计划中国业务时按照德国的习惯安排精确的员工人数，但是中国市场有自己的特色，发展迅速。相对德国市场来说，中国，尤其是像上海、北京这样的大城市，人员流失率会高一些。当时为了消除普瑞的顾虑，均胜电子坚持多招一些人，并决定承担这一部分人工费用，后来的发展证明当时坚持的投入是正确的。”

涉及到中国企业的收购，德国企业和媒体不禁会担心技术转移或者流失的问题。对于德国人比较担心的技术转移问题，均胜普瑞电子的技术总监冉鹏先生认为：“在很多领域，中国企业的技术较德国企业落后，但国内市场潜力巨大，德国企业的技术先进，但德国以及欧洲市场趋于饱和，所以德国技术在中国市场发挥效用不应该被称为‘技术转移’，而应该称德国技术在中国市场的应用更为贴切。”

收购后，均胜电子和普瑞的中德研发团队一直保持着互相学习、交流和合作的友好关系。例如在开辟新电动汽车这一新的业务领域时，均胜电子为普瑞提供了战略指引（要求在中国建立扩大业务，加强投入市场和研发、迅速圈地）、人脉关系（中国的市场人员在很大程度上影响了中国主机厂对供应商的态度）和财务的大力支持，并将其战略部署成独立的事业部。“对市场趋势和远景的判断，尤其是全球最大汽车市场中国的政策动向的理解，愿意和有能力对未来新兴业务进行投入，是均胜电子的强项。德国普瑞的团队则在具体规划和落实战略上更胜一筹。扬长避短，是我们合作的宗旨。”蔡正欣先生在采访中分享道。

“我们跟德国团队有着高度融合和共识，已经成为同一个团队。例如，普瑞原来用德语，收购后双方各退一步，用英语作为工作语言。”郭志明先生在接受采访时表示。如今，每年均胜电子平均有20多人在德国从事不同的项目，而普瑞也有10多名10年以上经验的资深工程师常驻宁波。两个团队相互学习，让德国公司的强大创新能力和生产品质管控，与中国企业的强大资金优势和市场资源实现了强强联合。

在具体的做事方式上，德国企业和中国企业有很大不同。“德国人凡事都必须有周密计划，这与中国企业惯常的‘随机应变’有很大的差异。”均胜电子普瑞IMA的副总经理黄浩勇先生介绍了两个具体的例子：“德国人这次开会的时候会讨论下一次开会的时间和安排，我们开始觉得有些不适应，但后来我们发现这是个好习惯，利于提高工作安排效率，就在均胜电子全面推广了。另外一个例子，我们宁波的同事在德国普瑞交流的时候学习到了德国式的工作方法，德国人会在前一年就把接下来一年的主要会议都提前计划好，一早就和各方确定好参会人员和大致议题。这个工作方法也被带到了宁波总部。”

均胜电子的员工在和普瑞同事合作中学到了很多“德式管理”的优点。普瑞的管理方法和工具慢慢在均胜电子得到认可和推广，这也提升了均胜电子的国际管理水平，是并购后的一大良性发展。在普瑞的标杆作用下，均胜电子优化了项目报价流程和计算工具，引进了企业管理系统SAP，并且学习了普瑞做预算计划的经验和数据挖掘处理的技巧，提高了预算的精确度。

从摸着石头过河到学以致用

媒体和均胜电子的管理层都称普瑞为均胜电子发展历程中最成功的案例。纵观中国企业在德国并购的驱动要素，第一是市场进入的渠道，第二是获得技术和知识以用于中国和国际市场的产品开发和开拓。均胜电子并购普瑞的案例之所以被称为目前中德并购最为成功的案例之一，不仅仅在于中德两个市场每年两位数的业绩增长、技术和知识的商业转化等可量化的指标，更让人值得关注的是均胜电子走出国门以后的企业全球运营管理水平的提升，研发、生产以及销售等业务拓展至欧洲、美洲、亚洲地区，内生式的业务开拓能力得到了极大的提升。在外延式的并购方面，基于普瑞案例的收购和整合经验，均胜电子的海外并购步伐越迈越大：从2013年起连续收购多家海外公司，包括软件开发公司Innoventis、德国工业自动化及机器人应用研发、制造和集成厂商IMA、德国高端方向盘总成与内饰功能件总成供应商Quin、美国汽车安全系统公司KSS、德国车载信息系统供应商TS德累斯顿以及美国工业机器人与自动化系统厂商EVANA，等等。

尤其是2013年的Innoventis、2014年的IMA、2016年的EVANA这三个收购项目，并购团队的核心成员主要来自德国普瑞，收购主体和整合平台也是由德国普瑞担当。在收购TS德累斯顿的案例中，普瑞在前期有效地配合了均胜电子团队的工作，在进入尽职调查和之后的并购整合中，普瑞的团队发挥了更大的推动作用，为交易的成功签约和企业后期的业务整合提供了宝贵的经验和建议。

“可以说现在均胜电子在德国的团队是中德并购领域中最成熟且最有经验的团队，”均胜电子副总裁刘元透露，“我们的团队经常收到猎头或者是要到德国投资的中国企业的加盟邀请，这也从另一个侧面反映了我们这么多年努力的成果得到了市场的认可。”

如果说均胜电子2011年接洽收购普瑞还是摸着石头过河，靠着大致的战略蓝图和对未来市场发展趋势的判断完成了走出去的第一步，那么通过这几年在德国和美国的众多并购项目，均胜电子布局高端汽车和智能制造的全球战略蓝图和产品布局日益清晰地呈现在投资者的眼前。

V. 增长措施

收购普瑞之初的2012年，均胜电子主要业务板块组成为汽车电子、内外饰、功能件以及工业自动化设备制造四大业务板块。2014年内外饰和功能件业务合并分类，并新增加新能源动力控制系统（BMS）。BMS业务部门除为宝马提供BMS系统，还与特斯拉和中国南车展开了合作。

2016年，在原有的几大业务持续稳定发展基础上，均胜电子进行了业务的外延式扩张，完成了对KSS和TS汽车电子的并购，新增两大业务板块：基于KSS业务的“智能汽车电子—汽车安全系统”板块，和普瑞车联（Preh Car Connect，简称PCC，基于TS组建）引领的“智能汽车电子—车载互联系统”。

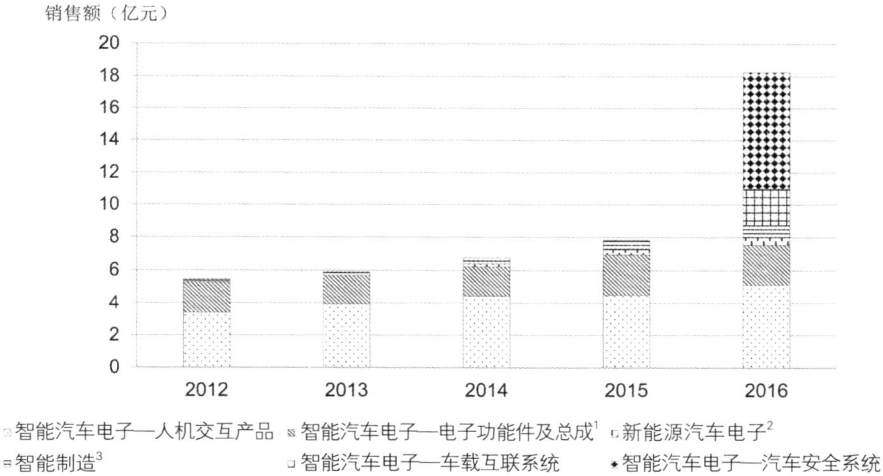

1. 2014年内外饰功能件业务收入合并分类，2016年改称智能汽车电子功能件及总成
2. 2014年称不新能源动力控制系统
3. 2012年分类名称为工业自动化设备制造，2013年分类名称为创新自动化（PIA），2014—2015年名称为工业自动化及机器人系统集成

资料来源：均胜电子

图26：2012年至2016年均胜电子产品线收入比重

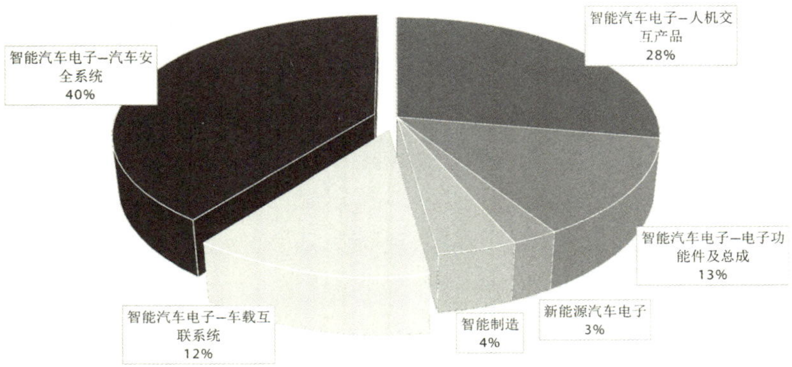

资料来源：均胜电子

图27：2016年均胜电子的业务组成

从产品角度来看，均胜电子的主要产品已覆盖与驾驶有关的四大领域，即人机交互、行车安全、影音娱乐和车载互联，并在全球处于主流和领先水平。2016年是均胜电子转型升级的一年，通过两次新的并购，使原有产品线得到明显提升，为转型为技术驱动的系统集成商（技术提供商）做足了准备。

2016新业务板块“智能汽车电子—汽车安全系统”

均胜电子于2016年6月8日完成对KSS的股权交割，基准对价9.2亿美元，对应市盈率55.8倍，并计划对KSS增资1亿美元改善其财务结构，推动其业务更好发展。KSS主营业务为汽车安全系统，主要包括被动安全和主动安全。KSS为全球顶级汽车安全系统供应商，从20世纪50年代起开始涉足汽车安全市场，主要被动安全产品包括安全气囊、安全带、安全带预收紧器、方向盘、安全气囊重要零部件气体发生器。

在并购后，公司对KSS在主动安全特别是在智能驾驶领域的资源进行了优化，形成美国、中国和韩国三大研发中心，按内部、前部和环视的类产品进行分工协作。在主动安全领域KSS新获得订单额已超过1.2亿美元。除原有的全球客户外，在国内新开拓了吉利、爱驰亿维、蔚来、长丰等本土品牌，配合上海大众和长安的自动驾驶汽车的测试，与北汽等自主品牌的合作正在推进中。2016年KSS并表贡献营收72.7亿元人民币，毛利率

15%。公司在交割完成后即对KSS业务进行大规模整合和投入，虽然对当期利润有一定的影响，但为未来主动被动安全业务的长远发展打下了坚实基础。

2016新业务板块“智能汽车电子—车载互联系统”

均胜电子于2016年5月4日完成对TS德累斯顿股权的交割，收购基准对价1.8亿欧元，对应市盈率约为18倍。TS德累斯顿是TS道恩及其子公司的汽车信息板块业务。产品是车载信息娱乐终端系统，主要功能包括导航和驾驶辅助、汽车影音娱乐、智能车联和在线服务等。TS的核心竞争力是数据交互和液晶显示技术，能为整车厂商提供完整的车联网解决方案，是大众集团的核心供应商。

TS业务并入普瑞，组成普瑞车联公司PCC。PCC的成立，很好地补充了普瑞原有的人机交互HMI业务，增加了影音娱乐、辅助驾驶导航、车机互联和V2X等重要应用级功能。另一方面，均胜电子科技研发的基于AR技术的抬头显示（HUD）类产品也达到成熟可商业化程度，亦将融入中控系统中，成为HMI功能的重要补充。未来，均胜电子将可以为主机厂提供更高集成度的中控台系统以及车载互联解决方案。

车载互联系统（PCC）业务2016年并表贡献营收22.5亿元，毛利润率为11.9%，环比已有明显提升（半年报毛利润率8.3%）。随着整合的开展，盈利能力也在提升中。

汽车电子产品人机交互（HMI）

HMI即汽车人机交互系统，可实现人与车之间的对话。车主通过系统可以把握车辆状态信息（车速、里程、当前位置、车辆保养信息等）、路况信息、定速巡航设置、蓝牙免提设置、空调及音响的设置。目前常见的人机交互系统有宝马iDrive、奔驰的COMAND、奥迪的MMI、沃尔沃的Sensus以及丰田的Remote Touch。人机交互业务是普瑞的主营业务之一。均胜电子的人机交互业务以德国普瑞为主导，延伸产业链整合QUIN方向盘总成，收购TS完善HMI全产业链。

从1988年起，普瑞就开始为宝马和奥迪提供驾驶控制系统等汽车电子产品。普瑞在汽车驾驶控制系统方面主要集中在中控台、方向盘控制单元、仪表控制单元等细分市场，同时拥有多点触控等核心技术。QUIN是全球高端天然和金属材质内饰件领先供应商，主要产品包括高端内饰件总成和方向盘总成。2014年起对QUIN的收购和整合，与普瑞原有的人车交互类产品形成协同效应，为整车厂商提供HMI、高端方向盘总成等解决方案。2016年对TS的收购再次将普瑞的HMI延伸到车联网和车载信息系统领域。

目前均胜电子人机交互领域主要有三类产品：驾驶员控制系统、空调控制系统和方向盘控制器。2016全年均胜电子的人机交互业务实现营收51亿元，同比增长14.1%，毛利润率提升到24.6%。

内外饰功能件

均胜电子传统主营业务是内外饰及功能件，核心产品为风窗洗涤系统、出风口系列、发动机进气管系列。主要配套一汽大众、上海大众等整车厂商，也配套延峰伟世通、佛吉亚等一级供应商。随着汽车市场增速放缓，零部件竞争更加激烈，公司汽车内外饰件的价格压力越来越大，导致2012年至2014年期间毛利下降。

为改善内外饰件盈利情况，均胜电子对相关产品系列进行整合，剥离低端业务，开发高端功能件总成。2014年均胜电子并购高端内饰件公司QUIN，开启内外饰件高端化、全球化的基本战略。2015年转让所持有华德塑料股权，进一步剥离淘汰低端产品，将公司资源集中在技术含量相对较高的产品系列上。

在功能件领域，则坚持“走出去”的战略，进一步开拓亚洲和北美市场。北美子公司获得通用、福特和克莱斯勒的高度认可，并获得了通用的出风系统项目。欧洲子公司在罗马尼亚开始量产产品，面向欧洲客户供货。在国内则再次获得一汽大众优秀供应商奖和北京奔驰杰出供应商奖。

2016年功能件业务实现按销售收入24.5亿元，同比减少1.73%，如扣除剥离华德的影响，2016年同比实际增长将达13.1%，整体毛利润率同比提升5个百分点（图28）。

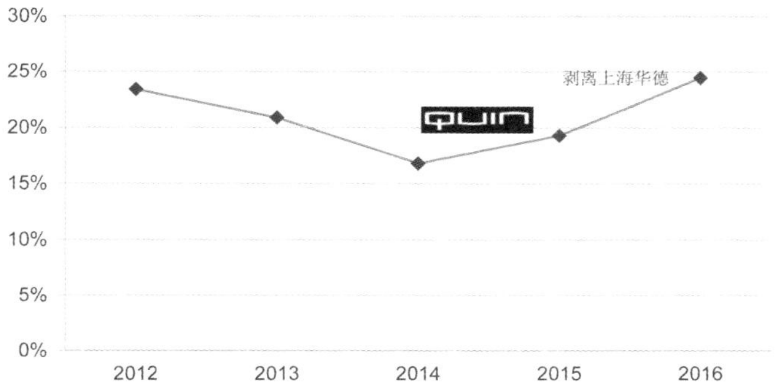

资料来源：均胜电子

图28：2012年至2016年均胜电子功能件和总成业务毛利率

新能源汽车电子—BMS

电动汽车电池管理系统（BMS）是连接车载动力电池和电动汽车的重要纽带，其主要功能包括：电池物理参数实时监测；电池状态估计；在线诊断与预警；充、放电与预充控制；均衡管理和热管理等。作为新能源汽车的核心技术，电池管理系统是新能源车质量的保证。

BMS最初是普瑞传感器业务的一个子单元。中国新能源汽车产业的发展使得均胜电子意识到这块业务未来发展的潜力，经过和德国普瑞管理层的多次协商和说服工作，BMS从普瑞独立出来，单独成为战略业务单元，并建立专门的研发中心。

在国际市场上，普瑞是宝马的电池管理系统的独家供应商。除给宝马独家供货外，奔驰（48V微混系统）、保时捷（电动车项目）、特斯拉也是公司的客户。在中国市场，均胜电子的BMS业务除现有客户奇瑞、吉利、上海大众、中车等，2016年还新获得了吉利新一代混动平台的平台级订单。潜在中国客户方面，国内其他一线自主品牌如长城、长安、北汽还有一些商用车品牌的合作正在推进中。

2016年普瑞和美国高通芯片公司签署合作协议，共同开发商业化无线充电系统（Halo WEVC），应用于混合动力和纯电动汽车。2016年BMS业务实现营收4.43亿元，同比增长48.58%，继续保持很高的增速，毛利率17.42%，同比微量提升。

智能制造

2015年，全球工业机器人销量24.8万台；中国销售6.6万台，增幅16%，成为全球最大机器人市场。但中国每万人工业机器人保有量为30台，不及全球平均水平的一半，市场潜力巨大（资料来源：国际机器人联合会，平安证券2015年研究）。中国政府提出的“中国制造2025”和德国政府提出的“工业4.0”对全球制造业未来十年的发展将产生深远影响，以信息技术与制造技术深度融合的数字化、网络化、智能化制造升级将成为全球制造业未来5—10年的主题。

普瑞的创新自动化生产线产品系始于1982年，可根据客户需要，提供可定制的制造，装配和测试生产线。除内部使用外，主要外部客户为各大世界级汽车零部件供应商，如博世集团、西门子、天合集团、李尔集团、采孚埃等。2014年，为了加快企业在工业机器人领域的发展，均胜电子收购了德国工业机器人领军企业IMA，同时将普瑞的自动化业务分拆，和IMA合并，组成普瑞工业自动化及机器人集成公司（Preh IMA Automation GmbH）。2015年，均胜电子和普瑞工业自动化及机器人集成公司（Preh IMA Automation GmbH）各出资50%成立均胜电子普瑞工业自动化及机器人集成公司（中国，JPIA），负责中国业务的开拓和客户关系维护。2016年5月，PIA收购美国EVANA公司。EVANA是一家专注于工业机器人和自动化系统的研发、制造和集成，为客户提供定制化工业机器人系统、自动化解决方案和咨询服务的公司，涵盖汽车、工业、医疗和健康等领域。

2016年，均胜电子完成对KSS和TS德累斯顿的收购，公司主营的汽车电子领域业务得到加强，却对智能制造业务带来了负面影响。均胜电子智能制造业务的主要客户如博世、大陆（为公司汽车电子业务主要竞争对手之一）和采埃弗—天合（为公司安全业务主要竞争对手）等对均胜电子智能制造业务的独立性表达了顾虑，新订单量获取难度增大。从财务表现来看，智能制造业务2016年的营收7.57亿元，剔除2016年收购的EVANA并表贡献营收1.53亿元，同比仅仅增长0.47亿元。增速放缓的同时，净利润也出现同比下滑。

为消除对上市公司的财务表现以及对集团长期发展的不利影响，均胜电子在2017年4月的临时公告中披露将把智能制造业务剥离出上市公司：将JPIA中持有的50%的股权转让给Preh IMA Automation GmbH，同时转让Preh IMA Automation的全部股权给关联公司PIA Automation Holding GmbH（注册地为德国法兰克福，主要股东为均胜集团全资子公司宁波均普工业自动化有限公司）。

智能驾驶——汽车电子的未来

均胜电子在2016年的年报中指出，自动驾驶是全球汽车行业发展的未来。自动驾驶、新能源汽车、智能车联等领域在接下来的5—10年内会引领全球顶级汽配公司的研发热点，也是整个汽车工业界和资本界关注的焦点。根据美国国家公路交通安全管理局（NHTSA）的定义，智能自动驾驶的发展轨迹可以分为以下4个级别：

表5：自动驾驶级别

自动化阶段		定义	解释	应用实例	
级别0	无自动化	驾驶者完全操控	可包含辅助系统，但仅限警示功能，驾驶者不放弃操控	盲点警示	
级别1	单个功能自动化	驾驶者整体操控，但可给与汽车有限的自动权限	单个或者多个特殊功能的自动化，各自独立运行	自适应巡航控制系统	高级辅助驾驶
级别2	组合功能自动化	驾驶者主要负责掌控路况，任何时间都可临时完全控制汽车	至少两个以上的自动功能组合	兼容车道保持系统的自适应巡航控制系统	高级辅助驾驶
级别3	有限的自动驾驶	驾驶者可根据情况在一定时间内，将全盘操控权转交汽车	车辆设计满足自动驾驶的要求，但是驾驶者可以自由切换，如在道路维修地段	据情况而定的可转换操控权的自主驾驶	自动驾驶
级别4	全自动驾驶	驾驶者主要提供导航指导，在行使过程中不需要操控	车辆设计满足所有的全程自动驾驶的要求，包括在安全隐患地段	任何情况下的全自动驾驶	自动驾驶

资料来源：美国国家公路交通安全管理局

高盛公司在2015年发布的自动驾驶商业化研究报告中指出，自动驾驶将改变汽车行业的版图，为汽车行业的参与者带来巨大的机会和挑战。在接下来的十年内，自动驾驶、智能驾驶的市场商业化速度将会迅速提升。据估计，2015年全球的辅助驾驶ADAS的市场规模在30亿美元；到2025年，辅助驾驶/自动驾驶ADAS/AV的市场规模将会壮大到960亿美元；2030年，市场规模将接近2000亿美元（高盛自动驾驶车辆市场报告，2015）。

基于十多年深耕中国和全球市场的经验，研究了大量的海内外市场数据，对标国际领先的汽配公司，均胜电子提出了公司未来重点发展的三大领域：自动驾驶领域、安全性领域和咨询娱乐车联领域（表6）。

表6：均胜电子未来重点发展规划

项目	自动驾驶领域 	安全性领域	资讯娱乐领域 
市场潜力（2021年）	396亿欧元	493亿欧元	134亿欧元
年复合销售额增长率	33%	27%	18%
发展趋势	·智能网联汽车数字化功能中发展速度最快的一个领域 ·许多技术的发展速度超过预期 ·中国市场对该功能的需求较大	·安全性是智能网联汽车最重要的卖点之一 ·中国市场将推动全球需求 ·欧洲到2018年全面普及eCall的规定也将刺激投资	·消费者尤其是亚洲消费者偏好，互联娱乐是汽车的基本功能 ·完美融合智能手机和可穿戴设备等个人设备 ·数字化发展推动跨行业的协调和整合
均胜主要产品	·自主停车和低速堵车导航（已投入使用） ·全自动远距离高速巡航（2020年至2025年可实现）	·车祸情况下的自动紧急呼叫设备 ·危险预警系统，提醒司机道路危险、路障和盲点入侵的设备 ·碰撞保障系统，自动加速或控制方向盘，防止意外发生的技术	·个人娱乐功能，如社交媒体、音乐、电影下载、餐厅推荐等功能 ·汽车作为移动Wi-Fi热点，具备可收发邮件、举行会议或其他办公场所功能的移动办公室

（续上表）

项目	自动驾驶领域 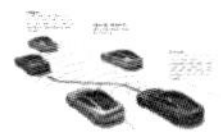	安全性领域	资讯娱乐领域 
挑战	·法律和监管框架不明确 ·法律责任问题	·安全产品实现标准化和规范化之后，此类功能性产品的商业化潜力十分有限	·缺乏标准化流程 ·控制点的争夺 ·汽车整车生产商必须适应消费电子行业快速的产品开发周期

资料来源：均胜电子

VI.结语

从2004年的初创到2016年产值近200亿元，均胜电子在成立后的第一个12年间交出了一份令人刮目相看的答卷。其间均胜电子遇到了很多挑战，但成绩有目共睹，形成了清晰的战略事业群，明确了未来发展的方向。“内生增长+外延扩张”的模式借力资本市场，均胜电子逐步形成自己的核心竞争力，立足中国，放眼全球。

对德国普瑞的收购和整合是均胜电子走出国门全球化的第一次尝试。从此之后，均胜电子可以在全球范围内配置资源，实现了脱胎换骨的提升，不但打入国际汽车电子主流供货商的行列，带动均胜集团的业务和管理的全球提升，也大大改善了均胜集团和均胜电子的财务效益，为股东和投资者带来了高额回报。

回顾12年的发展历程，均胜电子的管理层归纳总结了三点要素：一是保证技术和研发的持续投入。这其中既包括公司内生的投入，也包括外延式的全球资源统筹优化。二是清晰地定义了现金流的业务和未来潜力业务。将资源在两者之间合理分配，这样才能兼顾眼前和未来的利益。三是立足和深耕中国市场。中国市场的空间、容量、速度以及对新兴技术和产品的高接受度，为均胜电子的成功提供了肥沃土壤。

收购是扩张的有效途径，整合是企业长期成功的关键。展望2017，对于均胜电子，这是整合的一年。除在管理方面的整合，具体产品方面，KSS的主动安全和普瑞智能车联在中国的研发中心将继续扩张，加速全球技术和中国市场结合，开拓本土客户。均胜电子在中国的全球研发中心，也在建设之中，未来将实现各产品线的深度融合，向系统集成商（技术提供商）升级。

2017年是打基础的一年。整合和扩张成熟领域如HMI和汽车安全，为下一步获得更大全球市场份额做准备；在前沿领域，保持现有的投入强度，与产业链上下游企业展开合作。在智能驾驶和车联网领域，推进前沿技术的商业化，落实新的客户和具体项目，处理好成熟和前沿领域的资源分配，为长期可持续发展打下坚实基础。

2017年也将是充满变数的一年。随着安全气囊生厂商日本高田的退出，全球汽车安全市场格局将发生重大变化。均胜电子将加大投入扩张新产能，开拓新客户，希望抓住这个机会，在汽车安全领域能有进一步的突破。截至本书截稿时，均胜电子刚刚宣拟15.88亿美元接盘高田剔除受安全气囊影响的不良资产外的资产。同时，均胜集团也开始扩大在自动化方面的布局，旗下的PIA自动化控股有限公司在2017年上半年完成了对奥地利M&R自动化有限公司的收购。

均胜电子的未来目标很明确，就是成为智能汽车和互联网经济时代的全球一流的供应商，通过五年左右的努力，营收达到百亿美元量级，从零部件供应商升级为技术驱动的系统集成商；并且立足中国市场，利用中国人力资源优势，力争成为研发及制作全功能企业。

我们今后的系列报告将会继续关注均胜电子整合海外业务的故事以及智能制造业务在中国的发展，深入分析其间遇到的挑战和值得借鉴的成功经验。均胜电子普瑞的事例证明并购整合的道路是曲折的，前途是光明的。我们期望，均胜电子的经验可以为众多期待走出国门的中国企业提供有益的借鉴。

中集集团齐格勒：而今迈步从头越

关键词：有西方背景的国有企业，转型，企业管理，德国家族企业的改革与振兴

I. 案例引言和概要

正像一句中国古诗所描述的那样，中集集团收购德国齐格勒集团的案例是“有意栽花花不开，无心插柳柳成荫”。当2013年收购完成时，这项交易还仅仅被看作一笔划算的买卖，那时对于齐格勒在中集集团中的定位，内部还没有形成统一的意见。但很快齐格勒就证明它有潜力成为中集集团全球扩张蓝图中的重要一环。

自集团成立以来，中集集团在较长的一段时间内依赖于集装箱制造业务。集团领导层早在2000年初就已经提出了多元化发展的企业发展战略。之后的几年，中集集团致力于在全球寻找合适的标的公司，并着力开拓新业务。中集集团多元化的发展战略成果显著，目前年营业额越过600亿人民币大关，其中60%来自海外。和十几年前单一的集装箱业务相比，如今中集集团的业务项目更加多元化，包括集装箱、道路运输车辆、能源化工及食品装备、海洋工程、物流服务、金融服务、空港设备及消防车和救援设备等。时至今日，中集集团国际化进程仍在继续，并不断拓展企业的边界。本报告主要围绕中集集团最新的业务之一，消防车和救援设备展开。被收购的德国企业齐格勒集团在这项业务中扮演了不可或缺的角色。

在被中集集团收购之前，齐格勒在中国的业务量微乎其微。事实上，中国从来不曾是齐格勒的主要客户市场。过去几十年，齐格勒仅仅通过香港的几家贸易公司向中国大陆总共销售了十几台消防车。对于齐格勒来说，中国市场太远，公司本身也没有相关资源或基础设施来为海外客户提供合适的服务。然而在2015年，仅仅在收购发生后的一年多时间里，齐格勒就已经向广西南宁消防局提供了17台大型号多功能城市消防车，这也是齐格勒第一次向中国市场批量出口。2015年对于齐格勒来说可以称得上是重大突破的一年：来自中国市场的订单额超过了100辆消防车。同年，中集集团通过齐格勒和

中国消防企业集团（CFE）的债权换股获得了后者30%的股份。中国消防企业集团是中国第一家在香港交易所上市的消防公司。虽然在齐格勒的股份被稀释了，但考虑到中国消防企业集团和齐格勒的协同效应，中集集团在消防车和救援设备产业的前景变得更加广阔。

在加入中集集团之后，齐格勒在其核心市场德国也恢复了增长势头。由于操纵市场丑闻，昔日的市场领头羊在2013年德国市场份额仅为20%。被收购后，齐格勒迅速开启了战略转型。短短两年后，齐格勒重新回到市场领军地位，市场份额回升到35%左右。中集集团对齐格勒以及消防业务的未来发展有着更高的期待。在本文撰写时，中集集团正在积极制订在中国、欧洲以及世界其他国家和地区的相关业务的拓展计划。

II. 收购背景

中集集团和齐格勒经历了完全不同的发展道路。前者是20世纪七八十年代开始的中国改革开放浪潮的产物；后者成立于阳光明媚的德国西南部，是一家有着125年历史的传统家族企业。本章节接下来将简单交代两家企业在产生交集之前各自的发展史。

与很多带有“中”字头的大型国企不同，中集集团是以中外合资企业的身份组建的。1979年中国开始启动改革开放，为吸引外资，在政府政策鼓励下成立了一大批合资企业。中集集团正是在这样的大背景下成立的。1980年中国招商局集团和丹麦宝隆洋行合资成立了中国国际海运集装箱股份有限公司，简称中集公司，英文缩写CIMC，主营基于丹麦技术生产的20英尺的标准集装箱。公司的第一位总经理是丹麦人Moesgaard，另有几位董事会成员也来自丹麦。Moesgaard先生于1986年离职。一年后中远集团（COSCO）收购了中集集团部分股票，成为了中集的小股东。在收购后的第一次董事会议上，企业选出了由全华班组成的董事会，并确定了企业的未来发展方向：专注于集装箱生产的同时拓展其他业务。

以生产低成本集装箱起家的中集集团发展迅速，在1996年就超过了当时的市场领头羊韩国企业现代精工和进道。从那以后中集集团就牢牢占据全球集装箱生产行业产销量第一的位置，如今全世界50%的集装箱都是由中集集团生产的。此外中集集团还是世界上唯一能生产供应全系列集装箱产品的供应商，并拥有完全自主知识产权。依托成功的集装箱业务，中集集团逐步将业务范围扩展到公路运输车辆、重型卡车和其他产业，如能源、化工设备、空港设备、海洋工程和物流服务等等。近年来中集集团还开展了房地产和金融服务等业务。

上述提到的许多新业务都是中集集团通过并购战略资产实现的，其中包括不少对海外资产的投资。表7列举了一些其跨国投资案例。

表7：中集集团海外收购案例

时间	收购目标公司	特点
1998	Lumprex Suriname N.V.（苏里南）	第一起海外收购
2003	Vanguard（美国）	进入北美半挂车市场
2007	Marshall Lethlean（澳大利亚）	建立澳大利亚半挂车生产中心
2007	Burg Industries（霍尔维里卡）	进入半挂车和啤酒饮料设备市场
2008	TGE（德国）	在LNG接收站和石化行业获得EPC承包能力
2011	Bassoe Technology（瑞典）	海外产品基本设计理念
2012	Verbus（英国）	进入海外模块化建筑市场
2012	Ziemann（德国）	获得酿酒厂解决方案及糖化设备
2013	Air Marrel（法国）	获得机场升降平台卡车技术
2013	齐格勒（德国）	进入高端消防和救援车辆市场
2014	Pteris（新加坡）	扩张了机场行李处理系统，空运货物处理系统和其他业务板块

资料来源：中集集团

1980年公司成立伊始，集装箱制造是中集唯一的业务。随着多元化战略的开展，2012年集装箱业务占比下降到集团营业额的50%左右，到2016年这个比例下降到三分之一左右。通过不断的收购和发展，中集集团成为了在全球拥有300多家子公司、超过六万名员工的国际化大型企业。企业的研发中心、生产中心、销售和服务部门遍布全球20多个国家和地区。企业60%的营业额来自海外。图29展示了中集集团成立以来的

资料来源：中集集团

图29：1980年至2016年中集集团重大事件

各项重大事件。

中集集团是全球领先的空港设备供应商，旅客登机桥业务位列全球第一，并且成功研发制造了全球最大客机A380的首架登机桥；机场摆渡车的生产与销售业务在中国稳居第一。虽然空港设备的利润贡献对于中集集团来说只是很小一部分，但是业务发展前景十分广阔。

与中集相比，齐格勒集团的历史要长得多。公司由埃尔伯特·齐格勒先生于1891年在德国西南地区布伦茨河畔的金根创立，最早主要生产并销售消防用软管。创业初期仅有五台软管织机、八名生产工人和两名市场人员。大约20年后，企业创始人的第二代接手经营，引入了第二条产品线便携式消防泵。直到1953年6月，齐格勒才以欧宝闪电系列卡车底盘为基础造出了其第一台消防车（图30）。如今这辆车的原型依然完好地保存在齐格勒集团位于金根的博物馆中供人参观。

资料来源：齐格勒集团

图30：KLF6，齐格勒首辆消防车

通过不断的产品创新和成功的市场推广，齐格勒逐步成为消防行业中令人信赖的著名品牌，集团也在几大欧洲市场中建立了销售网络。除了德国金根的生产基地外，齐格勒还分别在德国德伦茨堡和米赫劳、荷兰的温斯霍滕、克罗地亚的萨格勒布、意大利的博尔扎诺、西班牙的塞维利亚以及印度尼西亚的雅加达拥有生产基地。其产品线包括该改装车辆（例如标准和特种消防车、机场消防车和救援车等）、消防用泵和软管类传统产品，以及其他相关设备、制服和零配件等。

在进入破产清算之前，齐格勒是全球五大消防车生产商之一，按照销量计算是德国最大的消防车厂商。德国市场上主要的竞争对手有三家，它们分别是Iveco Magirus、Schlingmann和Rosenbauer。这四大巨头一共占据了德国90%的市场份额。

2011年初，德国反垄断机构在经过两年的调查后，认定上述四大行业巨头蓄意操纵市场，对它们处以总计2800万欧元的罚款。根据相关人士消息，多年以来这四大巨头私下分配销售额，并委托一名瑞士会计师非法转移利润。据说这四家企业长期在苏黎世机场召开例行会议，瑞士的这名会计师负责会议结果执行情况。除了苏黎世例行会议外，四家企业的销售经理也会定期开会分配全德的消防车订单。据信，这几家企业还联合操纵了德国消防车市场价格的上涨。

在这场官司中齐格勒被罚款800万欧元，而比罚款更糟糕的是失去客户的信任。丑闻发生后许多原来齐格勒忠实的客户都暂停或完全终止了订单。两年多试图挽救破败的企业名声和糟糕的现金流的努力未果后，齐格勒当时的首席执行官、家族第四代经营者在2011年8月申请破产清算，当时在金根这座小城引起了不小的动荡。齐格勒是金根当时的第二大雇主，在当地雇佣了约700名员工。申请破产清算的消息一经传出就有大批员工因为担心失业而走上街头进行游行抗议。除了齐格勒本企业的员工外，许多本地居民和消防员也自发参与了游行，声援齐格勒的员工。民众普遍认为齐格勒虽然深受打击但是还不至于破产。2011年的破产对于这个拥有悠久历史的家族企业来说是一个悲伤的时刻。据齐格勒职工委员会主席Brachert先生回忆，破产对齐格勒的所有员工都是一个巨大的打击。进入破产清算期间企业规模缩水不可避免，员工面临失业危险。最终企业解雇了150名员工。虽然齐格勒的破产申请让许多人措手不及，但在操纵市场丑闻暴露之前，齐格勒其实已经显现出不少管理不善的迹象。公司创始人的第四代过于保守，不愿对公司投入，厂房年久失修，设备也跟不上新的技术潮流。反垄断机构的罚款是压死骆驼的最后一根稻草，但绝不是唯一原因。现在看来，拥有一位新的愿意持续投入品牌和员工的股东对所有人来说都是好事。图31展示了齐格勒集团成立以来的重大事件。

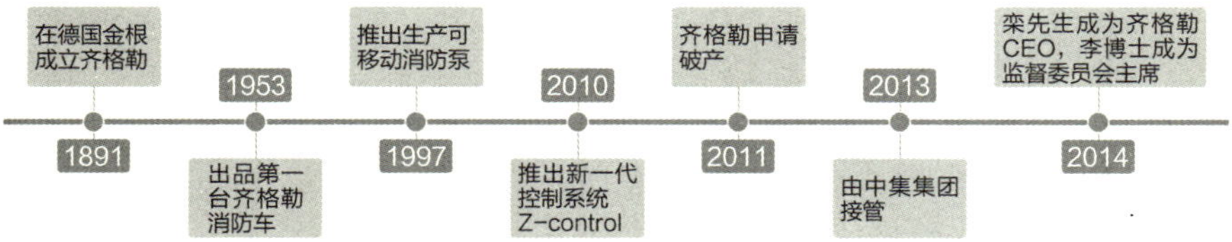

资料来源：齐格勒集团

图31：1891年至2014年齐格勒集团重大事件

III. 收购动机与战略

2011年夏天齐格勒正式申请破产。自此之后破产清算律师Kübler和Sorg先生接管了齐格勒集团的管理运营，并将法律合规作为首要解决的任务。不久后破产清算人律师在重组过程中引入外部咨询顾问作为临时经理人管理公司一些关键职能部门，希望能够使企业重回正轨，与此同时也开始积极寻找齐格勒的潜在买家。由于齐格勒的发展前景存在很大的不确定性，要找到合适的投资者并不容易。考虑到普通员工的利益，破产清算律师不愿将齐格勒卖给私募股权公司。私募股权公司大多只追求短期利益，谋求在短时间内以高回报退出，在它们手中齐格勒今后是否能存续下去很难讲。

2012年很快过去了。尽管对很多潜在投资者进行了筛选和初步谈话，齐格勒依然没有找到合适的投资者。据Kübler先生回忆，前前后后总计有超过150家公司对收购齐格勒表示出兴趣，但都无疾而终。在中集集团介入之前，也有另一家中国企业山东重工集团表示出兴趣，但由于种种原因并没有继续下去。

直到2013年3月中集集团才了解到关于齐格勒出售的信息。因为齐格勒与中集集团的空港板块有很强的互补性，收购齐格勒对于中集集团来说看上去是一桩顺理成章的投资。随着重组的推进，齐格勒的经营状况也比破产清算初期改善了很多，公司对生产设施进行了升级，更换了部分设备；成功研发了双车厢隧道救援车Merkur和针对狭窄路段救火的特种箱式消防车Fire Ant。最令人欣喜的是销售出现了起色。在成功交付了黑森州和联邦国防军的几个关键订单后，齐格勒的业务又开始稳步增长。到2013年第三季度齐格勒又重新回到了久违的市场领头羊地位，拿到了过去十年间都没有达到的订单量。

在进行了初步的接触和讨论后，中集集团在2013年8月启动了尽职调查，最终和一家来自瑞士的潜在买家Aebi Schmidt机械制造公司进入最后的竞价环节。中集集团以更高的出价打败了唯一对手，成为了齐格勒集团的新所有者。对于很多利益相关者，尤其是雇员来说，这是个皆大欢喜的结局。中集集团承诺所有金根的工作合同都将保留。由于中集集团和齐格勒的业务是互补的，齐格勒的员工和合作伙伴都有理由相信中集集团是真心实意想要重振齐格勒品牌，并借助其几十年来在相关产业的国际经验和庞大的关系网络扩大齐格勒品牌在国际市场上的影响力。

决定性的日子终于到来。2013年11月7日，中集集团签署协议以5500万欧元，相当于齐格勒2012年底净资产1.3倍的价格，收购齐格勒集团。签字后为期一个月的静默期很快过去。中集集团空港板块管委会主任李胤辉博士亲自出任这家新的子公司的首席执行官，足以显示中集集团对于齐格勒的重视。李胤辉博士由于集团内其他事务无法对齐格勒进行日常管理，特委任空港板块内的资深经理人栾有钧先生代表他全权管理齐格勒的业务。很快栾有钧先生正式接替李胤辉博士成为齐格勒集团的首席执行官，李胤辉博士转任监事会主席。

收购三年后齐格勒实现了华丽转身，在2016年实现了盈利。当被问及中集是否对齐格勒有明确的发展计划时，栾有钧先生坦白表示在初期的确并没有清晰的计划。但有一点是明确的，中集集团一直在坚持贯彻多元化的业务战略并在全球范围内寻找具有吸引力的投资，收购齐格勒在这项战略中是完美的一步棋。根据中集集团的战略，空港板块是集团未来发展的主要驱动力之一，齐格勒的机场救援和消防设施可以完善补充现有的空港设备业务。

但很快中集集团的领导层意识到，如果撇开齐格勒对空港板块的补充作用，利用齐格勒的优势，集团完全有机会进入消防行业这项拥有高增长势头的全新的业务领域。欧洲、美国和中国是消防和救援行业的三大主要市场。但中国不同于欧美市场，市场集中度非常低。中国的消防车行业开始于20世纪初期，那时所有的消防车都依赖于国外进口。到了20世纪30年代，中国开始自己生产消防车，但大部分还都是中小型车辆，技术落后，研发能力薄弱。20世纪四五十年代起行业开始转型和出现一些大的企业。然而时至今日，中国市场上还是缺乏全国范围内的市场领导者。

据估计，2014年中国大约有三万辆消防车在服役。每年新增车辆大约为4000台，其中大多都为本地中小型消防企业生产，客户对价格比较敏感。依照发达国家水平，中国在高端消防车和特种救援车的发展还有很大潜力。随着现代化进程，高楼数量日益增多，消防难度也在增大。由此可以判断，对高性能消防车的需求也会不断上涨。一般而言，德国品牌在中国市场一向享有很高的声誉。因此中集集团凭借齐格勒这个德国品牌和背后的先进技术取得独特的竞争力，在中国高端消防车辆市场能够逐步打开局面。

IV. 并购后整合与转型

在被中集集团收购时，齐格勒相较破产清算前经营状况已经改善了许多。然而在2013年底进行交割时，中集集团还是面临着巨大挑战。

根据过去几十年的经验，中集集团的领导层清楚地认识到，没有一种万能的方法可以顺利完成企业合并和转型，而是要根据每个企业的员工、组织和文化来做相应调整。在齐格勒这个个案里，公司治理和内控这两个环节非常欠缺。之前的关键岗位都是由外部顾问临时担任，因此中集集团在接手之后需要重建管理团队。内控是齐格勒的另一大瓶颈，各个分子公司分散在不同国家和地区，内部管理报告的格式和数据质量都参差不齐。维持齐格勒现状，仅仅从中国遥控德国的业务显然不可行。

齐格勒集团被划分在空港板块下，板块负责人李胤辉博士亲自出任首席执行官，领导新生的齐格勒集团。虽然他的任期不长，但这项不同寻常的任命还是从侧面反映出中集集团对这起交易的重视。2013年11月，李胤辉博士长期的得力助手栾有钧先生被委任空降齐格勒全权负责相关业务。经过圣诞节和新年短暂的休息后，栾有钧先生回到金根，同行的还有拥有丰富财务和内控经验的邓经理。他们两人组成了中国投资者在德国的管理团队代表。

据我们所知，栾先生是唯一一例由中国投资者直接从中国委派担任被收购的德国标的公司的首席执行官。一定程度上这也是由齐格勒本身的情况决定的。不同于其他许多收购案例，齐格勒在经历破产清算后实际上没有一位在职的总经理。虽然栾有钧先生自在金根履新以来就可以保持低调，但是可以想象由一个土生土长的中国人领导一家土生土长的德国传统企业是一项多有挑战的任务。更何况这家德国公司以前基本与中国领导风格和中国文化绝缘。这样的一个管理配置对这家传统的德国西南部企业来说算得上是离经叛道。

栾有钧先生上任后的当务之急就是重建管理团队。前文提到，齐格勒在破产清算期间基本是由律师和咨询顾问在进行管理的。为了重振业务和使企业经营恢复正常，就必须尽快组建一支有能力的管理团队。栾有钧先生到金根后立刻着手从外部补充管理人才替换之前的临时经理人。但管理岗位的更替无法一蹴而就。一方面需要考虑管理的稳定和连续性，另一方面金根的地理位置比较偏，对吸引新员工造成一定障碍。虽然金根是一个偏远的小城市，但除了齐格勒外还有至少两家全球著名名牌博世和施泰夫（著名的泰迪熊的生产商）在此落户。这也可以说是德国的一个特色：企业的地理位置集中度不高。在撰写本文时，齐格勒在金根总部的组织架构的调整已经基本完成。在破产前，齐格勒还不具备符合现代标准的管理委员会，重大决策基本都由齐格勒家族成员做出。在中集集团接管后，栾有钧先生成为新的管理委员会的主席，即首席执行官（图32）。管理委员会成员背景成多元化，由来自四个国家的六名执行董事组成。他们分别来自中国、德国、荷兰和克罗地亚。栾有钧先生是管委会中唯一的中国成员，其他人都来自欧洲。公司治理中最大的创新在于引入了管委会轮岗制度。每两年管委会六个席位中的两席都要进行轮换选举。候选人是集团内部优秀的经理人，此举旨在奖励和激励管理人才。除了管理委员会之外，集团依照德国公司治理惯例设立了监事委员会制定监管公司的战略方针。

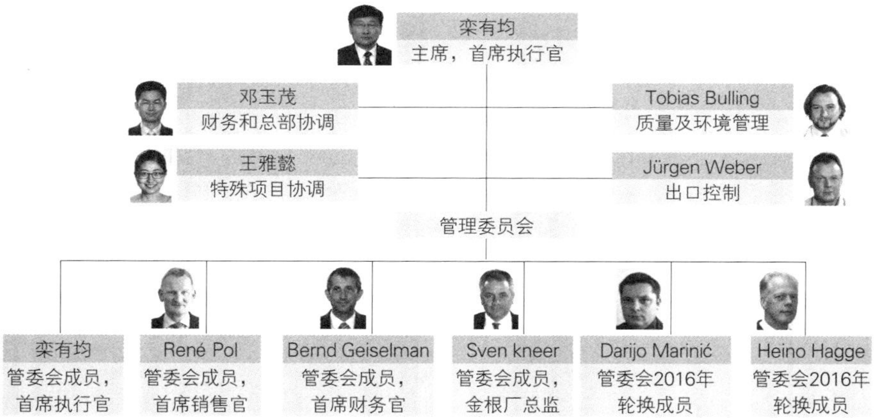

资料来源：齐格勒集团

图32：齐格勒的管理委员会

以前的齐格勒集团是个管理高度松散的企业，各地的卫星工厂各自为政，在一定程度上与特许经营商有几分相似。企业决策缺乏正式流程，总部和子公司的组织职能重叠，但缺乏协同效应。栾有钧先生接管后将子公司的一些管理职能收回集团层面，例如：薪资管理、人事任命、采购以及市场和销售，并制定了专门的“集团规则”，要求各子公司相关人员熟悉了解新的职能管理规范和流程。在撰写本文时，人力资源、信息技术、财务、采购和研发在集团层面的整合收拢工作已经完成，相关职能的部门总监也已述职。图33为早期的一个部门总监会议。根据栾有钧先生的计划，之后的几年集团将陆续推进各子公司的管理优化。

资料来源：齐格勒集团

图33：部门总监会议

齐格勒同时还加强了对子公司的内审和管控。从前的齐格勒集团饱受各种合规问题的困扰，在破产清算期间，法律合规问题得到了很大程度的改善，但企业经营方面的合规还远远不能达到国际标准。企业内部对于非法律类合规的理解范围普遍太过狭隘，仅包括市场、销售、采购和职业道德等。根据中集集团的规定，完整的合规报告还应该涵盖财务报告、公司治理、企业管理、职务分离和第三方交易等方面。

刚被收购后的齐格勒的合规情况远不能达到中集集团的标准。举例来说，不同子公司的财务报告既不统一，也不符合德国的会计准则，企业管理仿佛盲人摸象。中集入主后对齐格勒的合规情况进行了全面的分析，并制订了相应的优化计划。经过几年的查漏补缺，大部分不合规的问题都得到了解决，报告制式在很大程度上得到了统一，所有子公司都要按月向齐格勒集团总部提交财务报告。齐格勒与中集集团的风险管理和控制标准的差距大大缩小了。

在像齐格勒这样传统的德国企业里，普通员工对公司经营决策也有着很大影响。齐格勒大多数雇员都是德国乃至欧洲最大最有影响力的金属业工会（IG Metall）的成员。虽然名字叫金属业工会，但随着时间的推移，它代表的不仅仅是矿业及其他金属行业从业者的利益，更代表了许多不同行业雇员的利益。如果和雇员以及工会的关系没有处理好，会对今后中集集团在德国乃至欧洲的并购活动造成很大阻力。栾有钧先生从任职齐格勒起就以开放的心态和职工委员会以及工会保持密切的合作关系，认真听取普通员工的建议。中集集团的领导层在收购完成后的第一次员工大会上就向大家传达了非常明确的信息，重申中方股东不但会保留金根所有的职位，更会持续投入发展齐格勒的品牌（图34）。

资料来源：齐格勒集团

图34：员工大会

中集集团以行动兑现了自己对齐格勒员工的承诺。三年过去后，不仅现有职位得以保留，总部金根和其他国内外的子公司还创造了许多新的就业机会（图35）。总员工数从2013年的1079名增长到现在的1330名，其中德国境内员工数上升了23%，从699名增长到861名。吸引和培养年轻员工在齐格勒被当作重要任务在执行。年轻员工被安排与经验丰富的老员工一起工作，以快速融入齐格勒这个大家庭。依照新的人力资源政策，新入职员工必须参加指定培训。随着齐格勒产能的继续扩大，预计今后几年还会有更多的的员工加入齐格勒。

资料来源：齐格勒集团

图35：2011年至2016年齐格勒雇员数量

中方和工会的合作进展顺利。职工委员会主席Brachert先生最近也成为了监事会的一员。他坦言在交易前他对中国投资者并没有抱特别的期望。毕竟齐格勒当时处在破产清算期，如果碰到一个好的投资公司应该会向好的方向发展，要再坏也坏不到哪儿去。回顾过去三年齐格勒发生的变化和取得的进展，他表示非常满意。他还提及他作为职工代表和栾有钧先生有每两周一次的例会，讨论商议员工关心的问题。不仅如此，他和栾有钧先生还经常亲自下车间与一线员工进行面对面的交流。员工们也很高兴自己得到了资方的充分尊重，并能直接表达意见，这样开放透明的管理层在德国的大企业中也并不多见。Brachert先生很欣赏栾有钧先生在处理员工相关事宜上开放和真诚的态度。他还提及工会中其他有中资背景企业的职工代表也都反映中国投资者能够信守承诺，注重保留工作机会和平等对待员工的问题。

中集集团在齐格勒的“代理人”栾先生和邓先生谦虚地称自己为齐格勒和母公司之间起到指引和沟通作用的桥梁，而不是来监督的。但无论桥梁还是监督，一个重要的前提就是双方能够相互理解。现实情况是中国经理人不会说德语，德国同事也不会说中文，这意味着至少在管理层间必须使用英语作为通用的工作语言。人们或许会想当然地觉得齐格勒多年来拥有众多国际客户和海外子公司，其员工的英语水平一定不错。但事实上新的齐格勒集团经过了几年时间才适应新的工作语言。现在所有管理会议都用英文进行，并作为会议纪要的语言。同时德语依然是车间里技师和工人的主要工作语言。考虑到监事会中职工代表Brachert先生对英语不甚精通，会有中国同事在重要会议上为他进行同声传译。用非母语工作对所有人来说多多少少都是个障碍，但栾有钧先生在使用英语作为主要工作语言这件事上很坚持，最终也成功贯彻实施了。回顾几年前的情形时，管理委员会成员都开玩笑说多亏了栾有钧先生的坚持，他们的英语水平都有了很大进步。更有趣的是，现在齐格勒的管理团队平时都会使用微信作为沟通工具。齐格勒的首席销售官Pol先生还向作者展示了微信的一个隐藏功能：将外语翻译为手机的系统语言，比如将中文消息翻译成英文。

如果说在并购后的整合中赢得员工和管理团队的信任是投资者取得成功的关键因素之一，那另一个更重要的关键因素应当是让顾客重拾信心并实现业务增长。

市场操纵丑闻和之后的破产清算给齐格勒的声誉带来相当负面的影响。虽然在破产清算律师代管期间企业声誉有一定的恢复，但顾客对齐格勒的信任基础还十分薄弱。考虑到齐格勒很多大客户都有政府或军方背景，一个有很强中国政府背景的股东或许对齐格勒开展相关客户的业务有不利影响。李胤辉博士在担任齐格勒的首席执行官期间的一个最重要的任务就是要保住大客户。为了打消关于中集集团政府背景的疑虑，他特意在德国亲自拜访了关键客户，留住了像德国联邦国防军这样的大客户。在收购后的几年间齐格勒陆陆续续从大客户手里拿到了好几个大订单，为企业恢复元气重返增长道路打下了扎实基础。

在栾有钧先生的带领下，齐格勒在收购后的每一年都实现了稳定的业务增长。2016年的成绩单尤为瞩目，营业额达到2.2亿欧元，同比上涨26%（图36），远远超出行业平均增速。同年行业增速仅为1.6%。

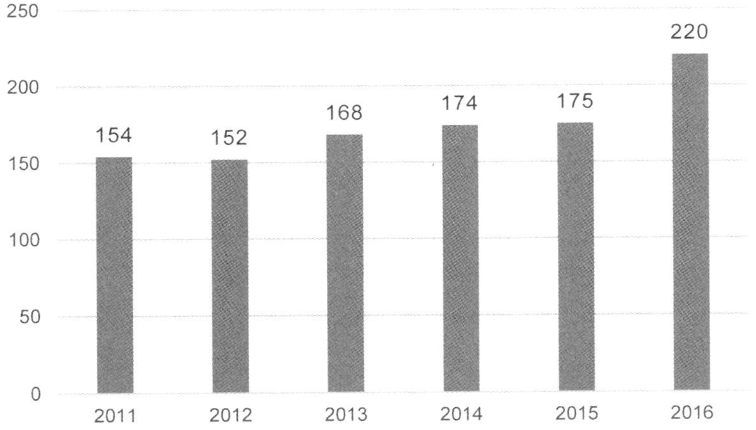

资料来源：齐格勒集团

图36：2011年至2016年齐格勒集团的营业额（单位：百万欧元）

相应地，2016年齐格勒的盈利也取得突破，经营利润达到了近500万欧元，息税前利润率2.1%（图37）。这是齐格勒集团至少五年来首次实现经营性盈利。

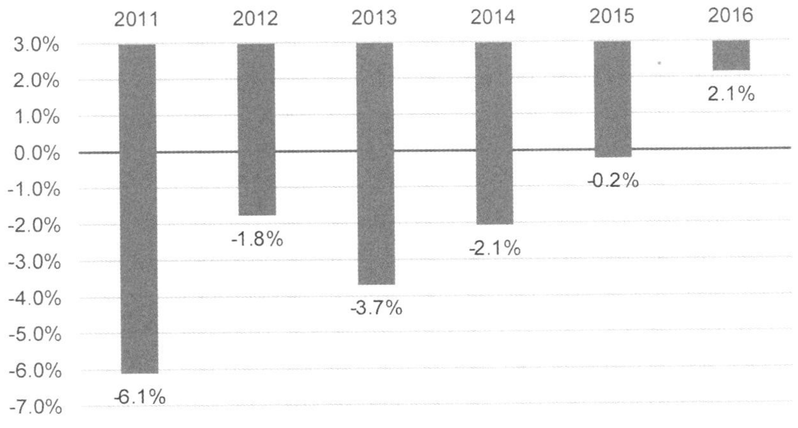

资料来源：齐格勒集团

图37：2011年至2016年齐格勒息税前利润率

成功背后，除了归功于前文提到的合规和内控方面取得了巨大的进步之外，齐格勒人还在其他多个方面做出了努力。

首先，中集集团十分重视产品研发。在接管齐格勒之后，中集集团加大了对德国研发部门的投入和对新产品开发的力度。纳入中集集团后齐格勒研发团队的规模扩张了近一倍。与此同时，用于研发的投入也翻了番，在2016年达到当年销售额的3.2%（图38）。根据西蒙顾和的研究，隐形冠军企业平均投入相当销售额的6%用于研发。以此为参照，齐格勒在研发投入水平上仍有上升空间。

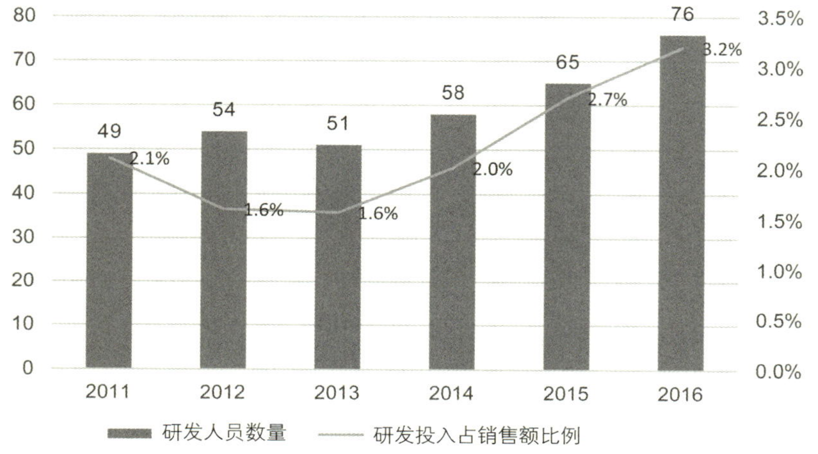

资料来源：齐格勒集团

图38：2011年至2016年齐格勒的研发人员数量和研发投入

对研发的加大投入很快带来了收效。仅在2016年，齐格勒就获得了19项专利，和破产前的水平相比几乎翻了一倍（图39）。诸如Alpas铝制上装、控制系统（面板）Z-control 2.0升级版、新一代的机场消防车Z系列2020款以及大空间乘员舱Z-Cab NG等创新产品都取得了良好的市场反响。一些研发项目已经成功完成并有成品交付给客户，另一部分正在按计划有条不紊地向前推进。

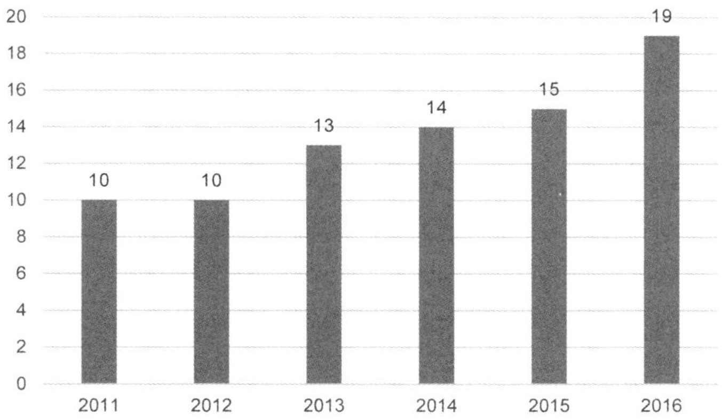

资料来源：齐格勒集团

图39：2011年至2016年齐格勒的专利数

自2014年起，新产品的销售份额激增。从2014年前的几乎份额为零上升到2016年的7500万欧元，占了总销售额的55%以上。产品创新为齐格勒业务增长提供了强劲的推动力，也为企业的可持续增长打下了良好基础（图40）。

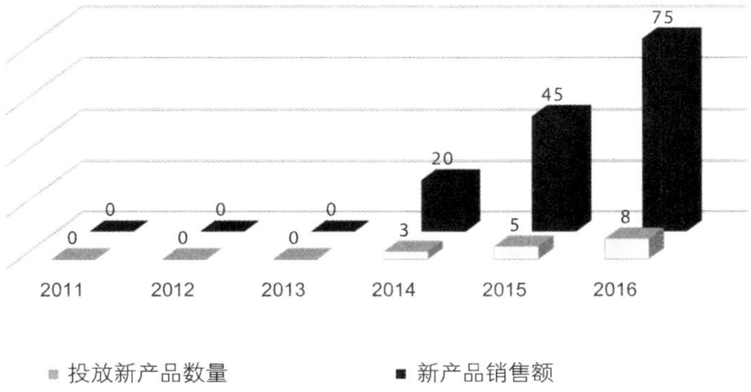

资料来源：齐格勒集团

图40：2011年至2016年齐格勒新产品数量和销售额（百万欧元）

创新不仅仅限于新产品开发，也同样体现在生产设备和流程的更新优化上。人们对齐格勒的固有印象是，它是一家以技术为导向、技术领先的企业，但事实上金根工厂的生产线早已过时，许多工艺依然依赖人工，只有很小部分实现了基本的自动化；同时车间布局欠合理，影响了生产效率。为了克服这些问题，新的齐格勒管理层重新规划生产和物流，对车间布局和组装流程进行优化。幸运的是齐格勒能在完成一个重要客户的大订单的同时实施生产升级改造工程。随着升级改造工程的完成，齐格勒大幅度提升了生产效率，缩短了交货时间。为了确保改造工程的成功，齐格勒相关管理人员每周都会举行例会审查工程进度并及时解决存在的问题。图41展示了金根工厂新的组装线。

资料来源：齐格勒集团

图41：齐格勒在金根工厂全新组装线

在齐格勒加入中集集团后，荷兰人Pol先生被委任为齐格勒的首席销售官。作为齐格勒集团的老将，他从20世纪90年代初期起就多次进出为齐格勒工作。他回忆说，由于齐格勒家族无意扩大业务打造一个真正的国际型大企业，过去齐格勒集团的主要市场集中在欧洲大陆。企业的组织结构不利于开展海外业务，没有针对国际客户的售前和售后服务部门，在金根总部也几乎没有人可以流利地用英语与客户进行交流。但在中集集团收购之后，国际业务的发展被正式提上了日程。企业强化了销售和服务部门，设立了专门服务国际客户的销售和支持部门。为更贴近中国客户和提供更好的服务，齐格勒在北京成立了全资销售分公司。2016年起有几十名销售和服务人员在北京分公司工作。同时中集集团广泛的关系网络对齐格勒开发本土客户提供了很大助力。一个典型的例子是广西南宁消防局的订单，他们早在2014年就从齐格勒订购了17台大型多功能城市消防车。这是齐格勒历史上首次为中国客户批量提供消防车辆。

作为一个国际化经营的企业，中集集团的业务和关系网络不仅局限在中国，还触及全球其他许多国家和地区。尤其是中集空港设备板块的客户与齐格勒的目标客户有重叠，齐格勒可以从中获益，接触到潜在客户。Pol先生还提到，空港板块的同事已经在帮齐格勒牵线搭桥。

市场导向的发展战略取得了初步的成效。根据Pol先生提供的信息，过去公司75%的营业额都来自德国，到2013年这个比例下降到60%。中集接手三年后德国业务仅占整体业务份额的50%左右。海外业务中中国是大头（图42）。从2014年的3.3%到2016年的12%，中国市场的营业份额提升了近四倍，更是占到了整个亚洲市场的70%。

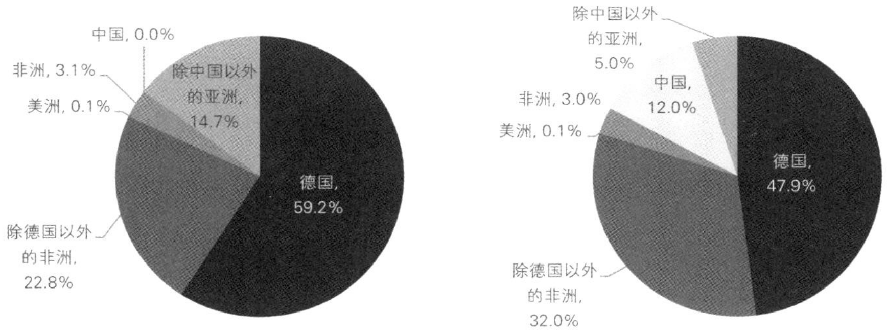

资料来源：齐格勒集团

图42：2013年（左）与2016年（右）齐格勒在各区域营业收入份额对比

加入中集集团三年后，一个更加开放的对市场反应更迅速的齐格勒集团重生了。不仅仅德国国内市场稳中有涨，而且国际业务发展顺利。在中集集团的影响下，齐格勒的创新能力和企业管理都得到了显著提升，为下一阶段的发展打下了坚实的基础。

V. 增长措施

齐格勒加入中集集团已经整整三年了。在第三年齐格勒集团成功地重新开始盈利，并且采取一系列优化措施为未来发展夯实基础。集团内部建立了新的治理体系，让企业运转更加高效透明，新的管理团队各司其职。由操纵市场丑闻带来的震荡和破产清算的影响也在逐步消除，齐格勒重振了自己在消防车和救援设施领域的品牌声誉。有了母公司的全面支持，齐格勒在国际化和专业化的道路上稳步前进，前景明朗。

关于企业未来的发展方向，中集集团和齐格勒已经有了明确的答案。齐格勒成立了一个特别任务小组，成员包括中集集团和齐格勒的员工，他们花费六个多月的时间设计了齐格勒“战略规划2020”，对未来五年的企业发展进行了系统规划。战略的核心是中集集团到2020年要成为世界领先的消防和救援设备供应商，而齐格勒作为优质品牌和研发中心在达到这个战略目标上会起到关键性的作用。

栾有钧先生形象地描述：“到2020年，中集集团的消防和救援业务将会是一群分子公司组成的联合舰队，而齐格勒将会是这个舰队的旗舰，为其他兄弟公司提供技术支持并分享最佳实践。到2020年，中集集团/齐格勒将会立足所有主要市场即欧洲、中国和美国，并形成相当的业务规模。”

按照战略规划，未来五年间相关业务的营业收入年增长率应当达到18%的水平，同期齐格勒的有机年增长率应达到10%左右。考虑到消防行业整体只有个位数的增长，这个计划可以说是雄心勃勃。德国员工对这个目标是否能够实现有些担忧，也有一些人担心管理层为追求销售而对产品质量有所妥协。为了保证计划能够顺利实施并打消员工的疑虑，齐格勒启动了57项具体的内容广泛的优化项目，涵盖企业经营各个领域如生产、销售、财务、服务、供应链和信息技术等。

由于金根工厂紧贴集团总部，具有近水楼台的优势，工厂的生产效率在被收购后得到了大幅提升。其他分散在各地的工厂过去都比较独立，管理水平差异很大，优化空间还很大。

一方面，管理结构和流程需要优化，进一步降低管理成本并提高效率。一些过小的或者不盈利的分工厂将被关闭。另一方面，集团内各工厂的分工将更明确，以便更好地发挥协同效应。比如金根作为齐格勒的总部今后将主要负责开发并生产HLF系列和Z系列的标准车型。在将服务中心移到距总部六公里外的一个新厂址后，金根工厂的产能能够得到进一步提升。米赫劳的工厂将会负责生产诸如MLF和TSF系列等的标准车型，产能将被充分利用。雷根斯堡除了生产标准的TSF和KLF车型之外，也会建设为一个重要的服务点。

运营效率的提升很大一部分来自2016年启动的配置器项目（Configurator Project）。这个项目的核心目的是打通生产和销售之间的信息流通，根据标准化的物料清单提高成本核算的准确性。配置器项目的另外一个作用是通过使用模块化的物料清单和价格表加快从成本核算到备料到标准化产品生产的速度。当项目完成时，各生产基地储备的标准组件都会进行统一规划，达到消减成本提高生产效率和速度的目的。

在谈到未来齐格勒的发展驱动力的时候，栾有钧先生提到了两个重点：一是持续投入研发，确保齐格勒在行业中的竞争力和优势地位；二是深化国际化业务。过去十年是齐格勒丢失的十年。其最大的竞争对手Rosenbauer曾几何时是与齐格勒同量级的消防设备企业，就在齐格勒坐享与其他三大巨头操纵市场带来的好处的时候，作为同谋的Rosenbauer却没有停下前进的步伐，投资并成功打开了美国市场。如今Rosenbauer的年营业额达到了9亿欧元，几乎是齐格勒的四倍。

作为中集集团的一员，齐格勒有机会重新开启全球发展道路，缩小和Rosenbauer的差距，尤其是在中国，齐格勒已经在过去几年奠定了良好基础。北京分公司可以向本地客户提供过去无法及时提供的咨询和服务业务。值得一提的是齐格勒的兄弟企业中国消防企业集团通过旗下企业四川川消消防车辆制造有限公司在四川拥有生产基地和销售网络，在当地很有知名度。川消最初是一家国企，在1963年以四川消防设备工厂的名字创立。1995年起它成为了中国消防企业集团的子公司。由于中国政府不再颁发生产消防车许可，川消自然成为了重要的战略资产。虽然齐格勒和中消防目前还几乎没有什么合作，但在采购、研发以及更重要的市场和销售等方面两家公司的协同效应潜力很大。在撰写本文时，齐格勒已经开始筹划透过北京分公司在中国寻找战略供应商。从中长期来看，中集集团计划建设第一家全国性的消防车辆企业，取得30%左右的市场份额。

齐格勒首席销售官Pol先生坦言，虽然他对中国市场前景非常看好，但齐格勒想要在中国打开局面也非一朝一夕之功。据他估计，中国每年消防和救援车辆的销量大约为4000台，其中齐格勒的目标市场即高端进口车辆仅占总市场的十分之一，也就是说对齐格勒而言目前的市场潜力仅为400台左右。2015年齐格勒就为中国供应了100余台消防车。除非总体市场扩大，或客户需求转向更高端的产品，否则齐格勒在中国的增长潜力在短期来看十分有限。另一个外国公司普遍的困难在于现行的审查制度。消防车辆在转交客户前必须通过政府组织的审查，而审查只能在中国境内进行，使得外国企业在向中国出口时会有额外费用并延长了供货时间。这样的审查制度并非中国仅有，在其他国家也普遍存在类似的规定，是出口企业必须要克服的障碍。

由于这些进入障碍的存在，中集集团/齐格勒也在评估其他商业模式作为应对措施。一种选择就是类似美国苹果公司采用的策略：将研发职能留在本国，也就是说齐格勒在德国保留研发，而在订单当地的工厂进行必要的设计修改和组装，比如在潜力巨大的中国和南非等地。此举也可以缓解齐格勒欧洲生产基地的生产压力。之前已经发生过由于欧洲产能不足，齐格勒不得不为延迟交货支付罚款，还回绝了一些大订单。

齐格勒在实施五年战略规划的路上已经开了一个好头。五年规划的第一年也就是2016年，齐格勒实现了2.2亿欧元的销售额，超预算6%。同时还有许多优化项目正在实施过程中，为齐格勒成为世界上领先的消防和救援方案供应商铺平道路。

VI. 结语

最初接触到中集集团和齐格勒的案例是在2015年由商务部投资促进事务局主办、其德国分支机构中国国际投资促进中心（德国）承办的首届中德并购论坛上。秦刚先生作为中集集团战略部的负责人做了一个关于中集集团在欧洲并购情况的报告，提到了齐格勒、TEG燃气和Ziemann三个案例。其中齐格勒的案例尤为引人关注：买方中集集团是有着浓厚政府背景的重型工业集团，卖方是德国西南地区的小型家族企业，最以保守出名。他们是如何走到一起的？有何挑战？未来前景会怎样？有诸多耐人寻味、饶有兴致的问题。

怀着这些问题，我们开始了对中集集团/齐格勒这个案例的研究。这个案例和其他典型的中国投资者并购的案例有所不同。首先，近几年来中国投资者都倾向于在收购后的整合阶段采用类似“合伙人”式的方法。这个方法的基本假设是被收购企业原有的管理层对市场很了解并且有重要的社会关系资源。所以中国投资者会在收购后保留原有的高级经理人，把他们视为合伙人，授予他们很大的管理权限，并且很少介入日常管理。但显然这条路对于齐格勒来说是行不通的。被中集集团收购的齐格勒没有一个这样现成的有能力的管理团队。于是首席执行官栾有钧先生几乎凭借一己之力建立了一个全新的管理团队，将现代企业管理模式引入这家在破产中挣扎的家族企业，并且成效显著，三年后企业就恢复了盈利，同时为今后更好地发展打下下了坚实基础。虽然栾有钧先生谦虚地称自己为中集集团和齐格勒之间的桥梁，但是显然这个成功故事绝非偶然。文化冲击仅仅是中集集团在整合齐格勒过程中遇到的挑战中的冰山一角。现实中还有许多文中受篇幅限制没有道出的挑战。

依托新加入不久的齐格勒，中集集团正在开拓消防和救援设备这一全新的业务领域。读者阅读至此，应该明白这原本是中集集团无心插柳之举。中集集团最初会对齐格勒感兴趣是看重它可以补充空港板块业务。齐格勒更大的潜力后来才被发现。但是一旦认可消防和救援设备领域的前景，中集集团便迅速调整了对齐格勒的策略，并采取了一系列具体的、有针对性的措施挖掘齐格勒的潜力。

或许中集集团/齐格勒案例中最令人遐想的部分在于齐格勒能否在中集集团的支持下在消防和救援领域迅速成长为国际化的领军企业。很多年以前中集集团在它的老本行集装箱领域成功地做到了。现在它比过去拥有了更多的可利用资源，这是不是意味着中集集团这次成功的可能性更大了呢？

无论如何，中集集团将不会仅仅满足有机增长。未来的几年中，中集集团很有可能会收购更多的消防相关企业以填补地理上和产品组合上的空白。事实上，在撰写本文时，中集集团透过齐格勒收购了一家名为CELA S. r. L.的公司的一小部分股权。这是一家意大利私人企业，是在工程作业平台、消防平台和水塔行业中的隐形冠军。2016年这家企业的销售额为1800万欧元。通过参股，齐格勒获得关键的消防相关技术，可以为客户在升高作业平台和水塔方面提供更个性化的定制方案。

我们对齐格勒在中集集团的领导下将如何发展拭目以待。在接下来的几年中我们还会持续关注中集集团的消防业务的发展历程。

专家访谈

潍柴动力执行总裁孙少军访谈录

I. 潍柴动力简介

潍柴动力股份有限公司成立于2002年，是中国第一家由境外回归内地实现A股再上市的公司。公司始终坚持产品经营、资本运营双轮驱动的运营策略，成功构筑起动力总成（发动机、变速箱、车桥）、整车整机、液压控制和汽车零部件四大产业板块协同发展的大格局，形成完整且极富竞争力的产业链，拥有工程机械行业核心的技术和产品，是中国综合实力最强的汽车及装备制造产业集团之一。

作为中国企业“走出去”的先行者，自2009年收购法国博杜安至2017年收购德马泰克和美国Power Solutions International Inc.（PSI），潍柴动力的海外业务遍布全球：在欧洲市场，有德国的凯傲、林德液压和法国的博杜安以及意大利的法拉帝；在北美市场，有可替代燃料动力系统提供商PSI以及自动化物流专家德马泰克；在亚太市场，潍柴动力也早有布局，呼应国家的“一带一路”倡议，伊朗最大的客车厂所用的发动机20%由潍柴动力提供；东南亚、俄罗斯、中东、非洲则是潍柴动力传统的配套市场。如今，潍柴动力海外子公司全部实现盈利，集团每年近千亿产值中，海外收入占据半壁江山。

受访人孙少军先生系潍柴动力股份有限公司执行总裁及林德液压有限责任及两合公司顾问委员会主席，常驻德国。

II. 访谈录

作者：是什么驱使潍柴动力走向海外尤其是在德国进行并购？

孙少军：出于产业链布局的需要，打造有核心竞争力的产品。以潍柴动力传统的内燃机业务为例，潍柴动力在重型汽车动力总成（发动机、变速箱、车桥）方面形成了完整的布局，一方面可以为客户提供全方位的服务，另一方面也提高了企业的竞争能力。

收购德国凯傲和林德液压的出发点与潍柴动力在重型汽车行业布局的

逻辑相似，着眼于工程机械行业的动力总成。在工程机械领域高端液压技术是关键。工程机械行业中流传着这么一句话，“得液压件者得天下”，它不仅直接关系到工程机械的质量安全，更关乎一个国家装备制造业的竞争力水平。中国工程机械行业虽然发展很快，但一直以来全球高端液压技术被德国博世、日本川崎和美国伊顿等少数企业所垄断，缺乏核心技术。中国企业生产的高端泵车、挖掘机、装载机、叉车等所用的液压系统完全依赖进口，这不符合国家对于产业升级掌握核心关键技术的战略。要获得核心技术最快的方式是进行并购，世界上领先的液压件企业屈指可数，经过初步筛选，我们很快就锁定了凯傲旗下的林德液压。

如今，潍柴动力通过战略重组法国博杜安、意大利法拉帝、德国凯傲和林德液压、美国德马泰克，在印度、白俄罗斯投资建厂，向缅甸、埃塞俄比亚输出技术，初步完成了全球化布局。目前，上述海外子公司均实现盈利，潍柴动力千亿收入中，海外业绩已占据半壁江山。我们将继续在全世界关注合适的标的。

作者：怎么看待中国政府对外投资的管控？会对未来在德并购带来什么样的影响？如何评价德国政府乃至欧洲政府对于并购案例审查的收紧？会不会是个长期趋势？

孙少军：我对此并不担心。相反地，我觉得政府这么做是合理的。对于潍柴动力来说，政府政策的收紧对我们影响不大。对内我们收购的都是实业，可以帮助我们建立核心竞争力，符合国家战略；对外我们的收购对象都处于非敏感行业，一般不会受到当地政府的阻碍。

作者：潍柴动力在整合林德液压的过程中遇到了什么挑战？是如何克服的？

孙少军：消除误解和文化差异的影响是首要的挑战。充分的、有效的沟通非常重要。德国人有着严谨作风，喜欢制订详细的计划和规则，按部就班地执行；中国人却一向倡导灵活多变，鼓励创新突破现有规则。中德企业文化几乎处于两个极端。

我2013年1月刚到德国就职就约谈了林德液压20多名关键员工，跟他们解释潍柴动力是战略投资者。在每年的全体员工大会上，我都会给员工讲三点内容：一是潍柴集团的发展战略和远景；二是潍柴和林德液压的协同点以及集团对林德液压的期望；三是潍柴会全力支持林德液压的长远发展。

潍柴的投资有利于林德液压的发展，我们不仅这么说，而且还这么实践。林德液压本属于凯傲叉车，在完成林德液压的剥离之后，我们还追加了5800万欧元的投资，在林德液压所在地阿莎芬堡兴建了新工厂。新厂在2016年7月投入使用。潍柴动力用行动证明中国大股东和林德液压普通员工在发展企业这个大目标上是高度一致的。

为了加强凝聚力，我们还组织了家庭日，邀请1000多名员工及家属到工厂来参观。家人们看到了现代化先进的工作环境后，也改变了对中国投资者固有的印象，自豪感和归属感得到了加强。除此之外，我们还组织了足球比赛，由德国员工和中国员工联合组队参加，一下子拉近了距离。

作者：能否介绍下潍柴动力入主林德液压后采用了怎样的管理方式？

孙少军：中国企业管理海外被收购的企业一般会采用三种方式：第一种是财务管理，不介入运营管理；第二种是全部更换现有管理层，派驻本企业的人，这是美国公司常采用的方式；第三种是战略管理，在战略上把握企业发展大方向，在运营中通过关键表现指标（KPI）及时发现并解决问题。

潍柴动力在林德液压采取的是上面提到的第三种管理方式。我们的管理层全部由德国人组成，负责日常经营管理，并且在制定林德液压的发展战略上发挥了积极作用。

依例德国企业一般遵循双层管理制度，即管理委员会和监事会。管理委员会由公司高级经理人组成，负责经营管理，向监事会汇报；监事会由股东代表及员工代表组成，负责任命监管管理委员会成员，并参与公司重大决策。在林德液压管理委员会一周一会；监事会每一季度开一次会，讨论重大问题。为了更有效及时解决在经营管理中出现的问题，我们在管理委员会和监事会之间还设立了一个顾问委员会，由两个大股东（潍柴动力和凯傲叉车）代表组成，一月一会，提高了决策速度和效率。我本人担任顾问委员会的主席，并同时在监事会任职。

潍柴动力往阿莎芬堡陆续派驻了约50名员工，目前潍柴有15名员工在林德液压的不同部门任职，包括财务、法务、工程和市场部。财务、法务的同事主要协助股东实现有效的管控，研发部门、工程师及市场部门的同事主要在林德液压学习先进的技术、知识和管理经验。同时，目前也有林德液压的德国工程师常驻中国潍柴动力的总部。这样的双向交流和学习对于企业整合和员工间的相互了解和信任是非常有效和有益的。

作者：潍柴动力有没有在林德液压引入一些中国企业常见的激励制度?

孙少军： 国情很不一样，没有办法照搬。举个例子：在德国销售人员的本职工作就是销售，销售业绩好被视作是理所应当的事情，收入基本是固定的，而中国企业的销售人员的收入很大程度是和他们的业绩相关的。如果在德国想要调整销售人员的收入结构，反应很激烈，还需要工会的批准。

另一方面，德国的销售人员很看重精神方面的激励。我们每年会评选最佳销售人员，获奖人把这个视作很大的鼓励。举个小例子，去年年底我邀请优秀员工一起吃饭，第二天全厂就传开了“我们的股东代表孙先生请我吃饭了”，这对德国员工来说是也对其个人的高度认可和很大的荣誉。

作者：现在中方对林德液压的管理模式是一种“较轻”的模式。基本上还是“以德人治德”为主。未来几年，随着中方团队对海外业务管理经验的积累，是否会考虑调整管理模式?

孙少军： 为什么要变呢？我们对现在的管理模式很满意，这几年的实践证明现在的一套管理模式是符合林德液压实际情况，并行之有效的。我们在其他收购的企业也会采取其他的治理方法，例如我们和新收购的美国PSI公司业务重叠比较大，挖掘潜力的空间较大。我们在收购后成立了一个协调委员会，下设协调小组，负责整合和发挥协同效应，此外我们还在管理层派驻了一名副总裁级别的中国股东代表参与管理。潍柴动力管理海外企业没有定式，公司治理也不存在唯一的最佳模式，一定是对症下药。

作者：如何看待工会在收购前和整合中起到的作用？如何评价中国投资者和工会的合作关系?

孙少军： 和中国不同，德国的工会有很大的能量，可以影响企业的运营管理。与管理层的沟通一样，我们也争取和工会保持透明有效的沟通。我每个月都会和林德液压的工会主席开会交流，我们互相尊重，有着一样的核心利益，即如何一起努力把企业做大做强。一旦在这个大方向上达成一致，其他的问题都相对好解决了。比如今年我们出现了订单众多来不及处理的情况，经过协商，德国员工也愿意在周末加班赶进度，若在以前或者说如果没有一个互相信任的基础，这是不可想象的。

为了促进双向交流，我们要邀请德国工会成员去潍柴动力的总部考察，了解中国企业工会的运作方式；同时，我们也请中国工会的同事来德国考察德国工会，互通有无，增进理解。

作者：根据我们的经验，德国的研发团队虽然能力很强，但是项目推进速度往往是个短板。潍柴动力在这个方面有什么好的经验可以分享？

孙少军：这是个普遍现象，我们在林德液压也遇到过。德国工程师一般有固定的工作时间，一周工作37个小时，超出就要付超额的加班费，所以其实作为管理层我们一般也不鼓励员工加班。但是应该指出，德国工程师的职业精神和责任心很强，如果确实是项目需要，他们也是愿意主动加班的。为了提高研发速度和效率，我们的经验是强强结合，由德方和中方工程师形成联合团队进行研发。有些项目的前期由德国同事负责，后期放在中国由中国工程师进行；有些项目有中国工程师在阿莎芬堡现场与德国同事一起工作，中国工程师的工作时间相对灵活，可以加强项目时间进度的可控性。

作者：能否谈下潍柴动力是如何进行企业内部知识管理和学习的？

孙少军：一方面是深度学习。比如我们从中国派遣员工来德国相应的职能部门工作一段时间，回到国内后他们会把学到的知识和经验转达给中国的同事，同时有了外派的经验后，之后与外国同事的沟通也变得更顺畅。此外，林德液压质量管理方面的能力很强，我们也会派人来德国专门学习这方面的经验。

另一方面就是刚才提到的共同的项目。德国和中国的同事混在一起做项目，有效地促进双向的交流和学习。

作者：怎样把德国公司的技术研发能力和以中国企业的市场和营销能

力有效结合?

孙少军: 这其实代表了两种各有所长的价值观。如果把这两样都做到了，这样的企业就无敌了，显然不是这么容易做到的。

中国企业对市场的敏感度很高，很重视反应速度和对市场份额的追求。德国企业传统上以技术导向引领企业发展，追求产品质量，但是对市场敏感度不够。我花了很多时间和德国的同事包括研发负责人进行沟通:“哪怕产品再好，但要是卖不出去又有什么用呢?”潍柴动力的观念是“客户满意为宗旨”，客户需要什么，我们就提供给他们什么。渐渐地，德国的同事也开始认同我们的观点，把客户放在更重要的地位。与此同时，原先的技术方面的优势作为企业的核心竞争力也应得到保留。所以我们现在在林德液压提出的战略叫作“基于产品领先的市场导向”，取长补短。

作者: 非常感谢孙总的分享！祝潍柴动力发展得越来越好！

普华永道德国并购咨询合伙人王炜访谈录

I. 普华永道德国简介

普华永道是全球四大会计师事务所之一，2016年普华永道在德国的员工超过一万人，销售额近19亿欧元，是德国最大的审计师、税务师事务所。

受访人王炜系普华永道德国并购咨询部门合伙人，是中德并购投资领域的领军专家，同时也是商务部提名的、中国德国商会的“中国企业投资德国优秀投资奖”的四大会计事务所中唯一的专家评委。

II. 访谈录

作者：什么因素驱动中国企业走向海外进行并购？与十年前相比，驱动因素有没有发生变化？

王炜：十年前中国企业海外并购的主要驱动因素是自然资源和技术，维度相对单一。近几年企业的并购动因更加多元化，总的来说跟市场战略和全球产业布局相关的考量更多分量更重了。对民营企业来说，投资德国的企业，资产配置并不是主要驱动因素。对国有企业来说，仅仅是为了把企业做大而在德国投资也是极少的案例。

作者：德国为何对中国企业具有这么大的吸引力？未来几年对德国投资的热点行业会出现在哪里？

王炜：德国每年发生500—800起上规模（百万欧元以上）的与实业相关的并购，一半以上的投资者来自德国以外。德国蓝筹股DAX的股东结构里，非德国股东已经占据了多数，全世界的产业和财务投资者都在投资德国企业，中国企业不过顺应大势罢了。跟广义制造业（工业）相关的并购今后还会保持在60%—80%的高比例，但是结构会发生变化，跟智能制造、环保和新材料紧密相关的领域的比例会上升。另外，大健康和消费升级也会是热点。

作者：如何评价德国政府乃至欧洲政府对于兼并购案例审查的收紧？会不会是个长期趋势？

王炜：德国还是相对开放的经济体，本届政府的新法规没有改变这个基本面。其实新法规予以特别关注的所谓关键的基础结构产业，也不是中国投资者投资的主流。从流程上来说，通俗地讲，以前如果不申报，经济部三个月不启动审查，就自动作为政府对此交易无异议。现在经济部可以在交易五年内发起审查，建议尽量申报德国政府的无异议批文，但其实出于审慎，我们经手的交易绝大部分以前也都是这么做的，所以实质性的影响不大。

作者：中国作为发展中国家在德投资的地位在近年内有没有受到其他发展中国家的挑战？特别是其他金砖国家？相对其他国家，中国投资者具备什么优势？

王炜：发展中国家中，印度在并购力度和规模上是唯一可以跟中国相比的国家。但是印度缺少很完备的工业体系，一些很出色的大型集团下面缺少大量有活力的中型企业，中型企业的融资环境往往比中国企业还要差，印度中型企业也缺少一个稳定、统一的大市场，所以印度大型集团公司前几年在欧洲收购了一批明星企业之后明显感觉后劲不足。在制造业领域，因为印度的工业化水平比中国差了一代，印度公司收购的很多标的企业技术水平、定位相对低端，后续发展也欠佳。

作者：最近中国企业在德投资以股权投资为主。将来会不会出现更多的投资形式？比如债券投资、资产投资、绿地投资等？

王炜：上市公司的少数重要股权（20%左右，获得的影响力看标的公司的股权结构）投资会更多出现，债券投资也会更多出现，如普华永道德国咨询团队2016年协助齐合天地以收购债权形式买下德国最大的废旧金属回收，销售三十几亿欧元的SCHOLZ控股，这也是德国去年最大的企业债权重组和收购案例。但是资产和绿地投资很难有明显的增长。

作者：我们在报告中介绍了三个成功的案例，但是我们知道也有很多并不成功的案例。根据您的经验，成功和失败的并购案例中，中国买方企业的差异主要在哪里？

王炜：并购的成败往往在战略考量和交易阶段就决定了。我简单总结为“并购成功是因为买对了而不是买便宜了，并购失败是因为买错了而不是买贵了”。战略决策正确，交易过程专业，并购就成功了80%。是不是买对了，要看标的公司是否符合收购者自身的发展战略和特征，是否有真正的核心竞争力，能否产生真正的协同效应。

作者：大部分我们接触到的中国企业都选择保留被收购企业的管理层，仅派少数经理人负责财务和管控相关职能。您如何解释这种现象？这种现象

今后会发生变化吗?

王炜: 中国企业因为海外并购整合经验不足，对并购后的平稳过渡很重视——有时是过于重视，因为有些标的公司恰恰是需要收购后利用股东变更、人心求变的有利情况，对企业在战略、流程、文化等方面，当然也包括人事方面进行必要调整。我们看到中国企业也越来越有经验和自信，一开始保留管理层并不代表一直保留旧态，随着对德国子公司了解的深入，也越来越多地采取必要的结构和人事调整。

在历史中我们看到中方投资者往往对德国管理层的忠诚度的重视高于其专业能力和与企业匹配度。现在也有越来越多的企业启用德国集团公司的中国区经理任集团的主管，这虽然更能保证一定的忠诚度，但是往往忽视地区经理经常缺乏全球战略视野和集团管理能力。

作者: **中国企业在解释收购德国企业的动机时经常提到要把德国先进的技术力量和中国巨大的市场结合起来。在我们看来，能够真正做到的寥寥无几，特别是在消费领域更缺乏成功的案例。您觉得其中最大的障碍是什么?**

王炜: 这方面的成功率跟中国企业本身的实力和消化能力关系很大。系统化、集成化程度越高的产品越难吸收消化，相比之下，标准化程度较高的组件、模块产品更容易吸收消化。此外，如果并购的协同效应要体现在销售网络的协同上，也要看中国股东和德国子公司的目标客户群体是否真正重合。

在消费品领域的成功确实比工业品领域有更大的不确定性，客户数量大，需求多变，软性的购买因素比例高，网络铺设成本高，品牌认知度投入等都是阻碍快速实现协同效应的原因。所以这方面的并购在国内需求明确、客户群体稳定、进口替代空间大、可利用现有营销网络和可避开与国际品牌正面竞争的细分市场比较合适。

作者: **如何看待工会在收购前和整合中起到的作用?如何评价中国投资者和工会合作关系?**

王炜: 工会在收购流程中的作用并不大，在中小型和中型私人或上市企业里可以说不起作用。真正有影响的是传统的大型工业集团公司，在他们出售非核心业务的时候，集团总工会Konzernbetriebsrat和标的公司的员工组织会经常表示异议，虽然他们不能真正否决交易，但是一般管理层会考虑工会的顾虑，要求收购者尽量多地保留在德国的工作岗位，最好给德国工厂几年不关厂和不裁员的承诺。

在收购后管理中，工会和职工委员会可以是很好的合作者。德国企业不存在多个工会共存现象，而且总体来看，因为全球化的压力和德语区国家的员工组织和资方组织共同协商、妥协的社会合作模式，德国工会的作用是比较有建设性的。和工会合作，建立互信的同时又有博弈，张弛有度，有礼有节，方能为企业争取最好的结果。

作者：知识转移是一个很敏感的话题。但是长期来看，这是中国投资者的一个核心目标，唯有如此才能提升中国企业自身造血的能力。根据您的经验，在这方面做得比较好的企业采取了什么样的方法？

王炜：项目合作，培训，让母公司也获得更高的技术能力，反过来对德国子公司的发展是个促进。

作者：在整合中遇到的关键挑战是什么？随着整合的推进和时间的推移，关键挑战会不会发生变化？

王炜：整合就是要“头痛医头、脚痛医脚”“缺什么补什么”，特别是经营业绩不太好的企业，可能在战略、结构、流程、产品组合、研发方向和设计思路、人员、财务管理等等都有调整优化的必要，但是如何把握节奏，掌握轻重缓急是很关键的，因为不同的时点上关键挑战会发生变化的。

作者：国有企业和私营企业在收并购的策略以及投后管理方面有哪些相同的，以及不同的做法？您如何评价它们各自的优劣势？

王炜：其实我们没看到国企和民企之间有很明显的差别。个别国企可能会更关心并购后的市场地位、企业排名和并购策略和国家战略的契合度，民企可能更关注长期的总投资回报和资本市场表现。在整合中，国企的人事安排的灵活度肯定是不如民企的，但是如果整合遇到了困难，更容易因为注意外部形象而避免该做的调整措施。国企的内部汇报内容，包括财务汇报，也比民企的更加复杂。但是从投后管理的模式来说，现实中并没有发现明显的区别，因为企业管理的实质是一样的。国企的一个重要问题就是一旦主事人员如董事长或总经理职位调离，之前对德国公司的管理制度和实践可能发生变化，这方面民营企业有更稳定的持续性。

作者：非常感谢王总的分享！祝普华发展得越来越好！

德国欧亚咨询公司总经理张焕平访谈录

I.欧亚咨询简介

德国欧亚咨询公司于2004年在德国法兰克福，由张焕平先生创办。公司在创立初期，主要为德国企业提供针对-中国的投资咨询服务，业务涉及德国企业在中国的投资融资咨询、合资合作等方面。自2007年，公司把帮助中、欧企业实施战略并购作为核心业务，成功完成了多起具有巨大行业影响力的跨国并购案，如徐工集团并购德国混凝土泵送企业Schwing、复星集团并购德国H&A银行、均胜电子并购德国普瑞公司、楚天科技并购德国Romaco医药包装公司等等，成为中欧尤其中德并购咨询领域的先行者。

II.访谈录

作者：什么因素驱动中国企业走向海外进行并购？与十年前相比，驱动因素有没有发生变化？

张焕平：我们认为主要驱动因素有三个：品牌、技术以及全球业务平台。这三点是时间累积的结果，大部分的中国企业目前都不具备这个累积，因而要短时间内实现这样的战略目标，只能通过外部，尤其是通过海外并购。从2007年至今，我们认为这些驱动因素并没有发生核心变化。但是随着海外并购经验的增加，中国企业对标的企业更挑剔，要求更高了，除了关注以上三点，也开始越来越关心企业本身的造血功能。随着交易规模越来越大，核心财务指标也成为了并购决策不可忽略的因素。

作者：德国为何对中国企业具有这么大的吸引力？未来几年对德国投资的热点行业会出现在哪里？

张焕平：根据2016年在博鳌亚洲论坛年会发布的《中国海外投资国家风险评级报告》，在190多个中国海外投资目的地中，投资环境最佳的目的地是德国。同时，德国也是欧洲最大的经济实体，拥有很多细分领域的隐形冠军企业。历史原因所致这些企业大多数都是中小型（家族）企业。因为德国生产成本很高，企业要长期生存必然要不断地提高自身的技术和品牌，而这类企业恰恰是中国企业所寻求的并购标的。另一方面，不同于中美之间强烈的竞争性关系，中德或者说中欧的关系往往是合作大于竞争，选择在德国或者欧洲进行海外并购收获的协同效应更高。

根据目前的市场需求，我们认为，未来几年工业自动化、医疗大健康以及电动车领域将会是投资并购发生的重点领域。虽然说德国的电动车领域起步并不早，但是因为世界顶级的汽车主机厂和供应商都云集德国，我们相信德国有充分的技术更新能力能够迎头赶上。

作者：我们在报告中介绍了三个成功的案例，但是我们知道也有很多并不成功的案例。根据您的经验，成功和失败的并购案例中，中国买方企业的差异主要在哪里？

张焕平：欧亚从2004年成立以来成功完成了数十个中欧并购案例。目前来看，这几十个案例都是良性的、成功的。不可否认，有些获得巨大成功的案例也带有一定市场机遇的偶然性。但是我们认为，一个海外并购项目之所以成功，首要因素是中国企业必须有非常强烈的海外并购意愿，并且有非常清晰的战略目标。其次，是要具有相当的财务能力以及至少在中国市场的运作能力。最后，是要有对标的企业进行战略管控的能力，并且在运作细节上充分发挥当地管理层的主观能动性。总而言之，成功的并购都是能够充分发挥双方战略协同效应的。

作者：大部分我们接触到的中国企业都选择保留被收购企业的管理层，仅派少数经理人负责财务和管控相关职能。您如何解释这种现象？这种现象今后会发生变化吗？

张焕平：中国的市场经济和国际化运作都起步比较晚，所以仅有极少数的中国企业具备全球企业的管控和运作能力。因此，在海外并购中，标的企业原有管理层是否能继续参与企业运作是很重要的考量因素之一，因为中国企业对海外市场不熟悉，微观管控能力是不具备的。庆幸的是，大部分的中国企业都意识到自己在这方面的不足，在完成并购后仅派出精干的管理层来参与管理。即便是像美国和日本这样老牌的经济强国，他们很多企业具有丰富的国际运作经验，但在海外并购后派出自己的管理团队强势插手企业原有管理而导致并购失败的案例比比皆是。中国企业大多数都是良性的企业并购，中国企业愿意把自己放在一个虚心学习的位置，而不是在并购后空降管理层对企业管理指手画脚。我们不认为这种现象会发生变化。首先，中国并没有足够的具有国际化管理能力和经验的人才储备，而人才储备是一个长期的课题，需要很长时间的积累；其次，即便有了这样的人才储备，空降中国管理团队来管理国外企业也是不可取的，更不适用于并购后整合。

作者：中国企业在解释收购德国企业的动机时经常提到要把德国先进的技术力量和中国巨大的市场结合起来。在我们看来，能够真正做到的寥寥无几，特别是在消费领域更缺乏成功的案例。您觉得其中最大的障碍是什么？

张焕平：德国企业的很多研发实际是技术趋向的，不管是工业领域还是消费领域，专注的更多是高端产品市场。而目前在中国，高端工业产品市场并不大。所以，高端的技术和巨大的中国市场这个说法我们认为是一个伪命题。对中国企业来说，收购一个具有技术品牌的德国企业，真正的意义应该在于获得技术研发能力，面向中国市场需求进行产品开发，从技术趋向的开发转为市场导向的开发，慢慢地完成一个市场渗透，在将高端产品逐步向中端产品发展的同时，提高产品的质量和性价比，使产品更具有竞争性，更符合中国巨大的市场需求。

作者：知识转移是一个很敏感的话题。但是长期来看，这是中国投资者的一个核心目标，唯有如此才能提升中国企业自身造血的能力。根据您的经验，在这方面做得比较好的企业采取了什么样的方法？

张焕平：我们认为通过并购获得的不是一时的技术，而是获得了产生这个技术的研发平台。现有的图纸和高效生产流程所产生的收益永远是短暂的，但一个技术研发平台所能带来的帮助是长久的。利用国外企业优秀的技术研发平台，与本土研发团队相结合，改善中国企业本身的技术研发平台，这才是提高企业自身造血能力的方法。

作者：在整合中遇到的关键挑战是什么？随着整合的推进和时间的推移，关键挑战会不会发生变化？

张焕平：并购后整合是一个并购项目获得成功很关键的一步。整合的过程应该是循序渐进，按部就班的。我们常说的并购后100天和并购后365天，这里所指的是短期整合推行的有利时间。并购完成后，被并购企业的管理层和客户都会预期企业发生一些改变，新股东应该抓住这个机会快速地执行一些整合计划，比如管理体制、财务报告、公司融资，以及共享采购/销售渠道等等，目的是让企业实现一个平稳的过渡。而从长远角度来说，并购后整合最大的挑战是如何长期地发挥协同效应，让中德团队水乳交融地走在一起，实现优势互补。

作者：国有企业和私营企业在收并购的策略以及投后管理方面有哪些相同的，以及不同的做法？您如何评价它们各自的优劣势？

张焕平：私营企业主通常也是决策管理层，海外并购决定一般都是经过长期的战略考量的结果。一旦私企决策层并购意愿足够强烈，在项目推进、决策速度上都比国有企业更快，并且在并购后整合方面，特别是在管理层激励政策方面也比国企更有优势。私企并购团队的市场化意识更强一些，在选择中介团队、谈判策略上都更与国际接轨。国有企业的优势主要在于本身的实力强，抗风险能力强，在某些领域国有企业通常是站在一个领导者的位置，海外并购后市场导入速度会更快一些。总体来说，我们认为私营企业和上市公司在海外并购中扮演的角色越来越重要，而且与国企的差距在不断地拉大。

作者：非常感谢张总的分享！祝欧亚咨询发展得越来越好！

迎接挑战

为了帮助读者更好把握近年来中国企业的跨国并购活动的时代背景，我们在本书开头首先大致回顾了全球范围内的对外直接投资的历史，然后讨论了近几年来中国在德国的企业并购趋势。

2016年中国对德国的直接对外投资额首次超过德国对中国的直接对外投资。难怪中国投资者被暴露在聚光灯下，受到了来自媒体、政治和商界等各界的关注。然而，中国投资者的愿景和企业并购后的发展历程除了少数熟悉相关企业的人以外，还鲜为人知。

我们有幸与三个典型的并购案例的参与人进行了近距离接触，搜集了大量的一手信息。以此为基础，我们撰写了三个并购案例的深度调查，希望借此为大众解答部分相关中国投资者的一些问题。仅凭三个单独的案例或许不能够说明全部问题，事实也许的确如此，但我们也没有打算对中国企业并购做出任何总结性结论。如前文提到的那样，中国企业的海外投资大多是长期投资。在许多情况下，这些企业在未来很长一段时间都不打算卖掉收购的德国公司。随着本系列报告的展开，我们会完善我们的发现，深度分析中国投资者在收购德国企业后是如何在整合中创造价值的。我们希望这些分析会为未来研究中国的并购活动提供有利的支持，并且希望不同背景的读者可以从我们的分享中得到一些启示。

接下来我们会总结案例中的主要结论，然后谈一下我们对未来几年中国企业在德国并购活动趋势的预测。

案例小结

我们在本期报告书中重点介绍了三家中国企业在德国并购的案例，它们是：上工申贝（之前也称上工）、中集集团和均胜电子。前两家是国有企业，最后一家是私人企业。我们接下来讨论这三家企业创造价值之路上的相似之处和差异。

I. 动机和战略

三家中国企业的动机都在积极寻找增长机会，他们将德国企业视为合作伙伴，而不是现金牛。来自中国投资企业的高管不愿意被称为“投资者”，因为这个词在中国往往会和“目光短浅”和“自我中心”联系起来。他们更愿意被称为“整合者”或者“价值创造者”。这些中国买家都计划长期持有被收购的德国公司，而长期投资正是中国投资者和其他国别投资者的主要区别。可以说，近些年来在海外进行投资的中国企业都抱有类似的想法。中国投资者大多是战略投资者，有别于私募股权投资公司。后者往往有固定的退出窗口，通过短期的金融财技从企业并购中获利。

虽然三家企业所处的整合阶段有所不同，但仍有共同之处。他们采取有针对性的整合策略，在并购后，早期就集中精力对管理体系等进行了系统梳理，并早早就开始布局挖掘增长潜力。他们采取的发展路线完美契合了我们在前言中假设的价值创造路径。他们首先从传统的并购整合措施开始，通过成本优化，提升效率实现协同效益；之后，他们挖掘本地市场现有客户群的潜力；在第三条路线下，德国企业凭借母公司在中国的资源和经验，实现海外市场拓展。唯有第四条路线也就是商业模式创新是最难的，只有在并购后整合基本完成的情况下才有可能得以实施。

三家中国企业的投资动机貌似相同，但是仔细推敲还是可以发现有所差别。上工申贝收购缝纫机制造商DA的时候，自身就充满了不确定性，作为被收购方的DA也深陷盈利困境。上工申贝需要通过一场成功的海外并购来打破困境。虽然DA在被收购后也经历了许多挑战，包括2008—2009年的金融危机，但由于中国投资者的坚持，DA不但保留了技术优势，还实现了业务上的大扭转。同时，上工也借助DA的发展和助力，实现了全球布局、中国领先的目标，重视研发、质量突出的华丽转身。当初两个弱者的结合带来了今天双赢的局面。

均胜电子是本次报告中唯一的私营企业，同时也是一家非常年轻的公司。公司创立于2004年，仅在7年后就从私募股份投资公司手中收购了德国普瑞公司，一家知名的汽车电子零部件供应商。通过这起并购，均胜电子获得了亟需的汽车电子零部件方面的专业技术，获得向领先主机厂直接供货的机会，并且提升了在产业链上的竞争能力，赢得了更好的利润率和更广阔的发展前景。在并购完成后的五六年内，均胜电子的产值翻了近十倍，普瑞翻了近三倍，其复合增长率均远超中德市场上的相应竞争对手。在这里，一加一的效果显然远不止大于二。

中集集团虽然作为中字头的企业集团有着浓厚的政府背景，但实际上是中国最早成立的一批外国合资企业之一。中集最初会相中破产的消防和营救设施制造商齐格勒是因为考虑到后者的机场营救车业务对中集集团的机场设施业务有互补。虽然事实确实如此，但是中集管理层很快就发现齐格勒的核心业务即消防车业务本身也具备非常好的成长前景；从齐格勒的视角来看，中方战略投资者的进入，不仅带来了实打实的中国市场的大批量订单和海外机会，还有效地提升了齐格勒的管理水平和运营能力，使其在短短三年时间内就扭亏为盈。

概括地说，中国投资者的动机可以从两个维度去观察：第一是收购新业务的迫切性；第二则是与现有核心业务的相关性。图43展示了案例中提到的三家中国企业的动机在上述两个维度构成的矩阵中的大致位置。应该强调的是图表中展示的是中国企业在收购发生之前的情况。企业动机和战略会随着时间的变化而变化。例如中集集团，随着并购后期发现齐格勒的消防和营救业务对整个集团来说非常有益，核心业务的相关性也在随之增长。

资料来源：西蒙顾和

图43：中国投资者的动机

凑巧的是，三家中国企业中没有一家在并购前就有明确的价值创造战略。上工欧洲第一个全面的发展战略是在收购12年后才制定的。中集集团在最初希望将齐格勒合并到自己的机场业务中去。均胜电子尽管在最初就非常明确地要发展电子零部件业务，但在并购完成前也并没有正式的价值创造战略。一方面，中国投资者相信自己的判断，追求战略大方向上的正确，不拘泥于细节；另一方面，他们也非常务实，善于吸取经验，在并购后整合过程中逐渐细化完善他们的战略。对于被收购企业来说，好消息是中国投资者始终将德方子公司放在平等的位置，共生共荣，通过互相学习实现母子公司的共同发展，这一点在上工和DA的案例中尤为明显。

II. 公司治理

被收购公司的管理团队、工会以及雇员在新来的中国老板面前，难免有些忐忑的心情，毕竟多数人之前对中国这个遥远的亚洲国家缺乏了解。诚然，中国企业在并购方面的历史比西方世界的企业来说要短暂很多，缺乏在海外并购中与遇到的各个利益体打交道的经验。并购尤其是投后的整合对于中德双方来说都是一场修炼，一个学习的过程。

由于海外企业管理经验相对缺乏，中国投资者倾向于保留被收购公司现有的管理团队。他们更加了解当地市场和客户、雇员乃至金融机构。保持公司业务的连续性对所有人都至关重要。

案例分析中的三家被收购公司的法律形式各有不同。DA是一家上市公司，普瑞和齐格勒是有限责任公司。为了帮助不熟悉德国公司发展的读者更好地理解，我们简单介绍一下德国特色的双管理委员会系统，它包括管理委员会和监事会两级。这个制度安排始于19世纪70年代。依照德国法律规定，上市公司和大型有限责任公司的管理委员会和监事会必须保持相互独立。管理委员会成员由公司内部管理人员组成，负责管理公司运营；监事会至少要有三名成员组成，负责任命及监管管理委员会成员。500名员工以上的公司的监事会成员中至少三分之一必须是员工代表。管理委员会和监事会的成员不能有重叠。

在我们报道的三起并购案中，被收购后的德国公司的管理团队的设置和大小都有所不同。DA的监事会有六名成员，管理委员会有两名成员。普瑞的监事会和管理委员会成员数量基本相同。齐格勒与DA的情况正好相反（图44）。

*管委会在DA称董事会（Vorstand），在普瑞和齐格勒称管理团队（Geschäftführung）

资料来源：西蒙顾和

图44：并购后德国公司的管理团队结构

DA的监事会中有三张中国面孔，包括母公司上工申贝的CEO张敏（任DA监事会主席）和副总裁方海祥（任DA监事会副主席）以及德国税务师费晓伦。郑女士和Kilian先生组成了DA的管理委员会。

完成普瑞的收购后，均胜电子创始人和CEO王剑峰以及副总裁郭志明加入了普瑞的监事会。若干年后郭先生退出了监事会，而王先生保留了监事会的职务。均胜委任普瑞监事会原主席Scheffels博士在收购后保留原职，他同时是普瑞前持有人DBAG的董事。2016年Roesnick博士辞去普瑞管理委员会发言人身份，接替Scheffels博士成为新一任的监事会主席，Scheffels博士保留监事会成员的身份。在普瑞的五人管理委员会中只有蔡正欣一名中国人是由均胜电子从中国派驻，他负责采购、供应链管理以及商用车业务。

齐格勒是三起案例中唯一一家管理委员会和监事会都由中国人领导的被收购企业。中集集团空港板块管委会主任李胤辉博士出任监事会主席，公司运营由首席执行官栾有钧先生带领的管理委员会负责。管理委员会的其他成员的背景也很丰富，来自多个不同的欧洲国家。

在案例调研中，我们都问了参与的中国高管同一个问题：为什么他们没有向德国派驻更多的经理人，或者从德国企业调派经理人去中国总部？更多的交流互派是否会更好地促进企业融合和知识传递？均胜电子/普瑞的蔡先生的回答很有代表性，他说道："我们并不想扰乱企业的正常运营。"确实企业经营应当以结果为导向。中国企业在这方面有切身的经历。自改革开放以来，中国境内成立了许多中外合资企业。当时通行的做法是在企业内每个部门都指派一名中国经理和一名外国经理。事实证明这样的双重管理系统弊大于利，管理成效由于信任问题而大打折扣。

中国企业家从中吸取了教训，赋予德国当地的管理层很大的管理权限。我们注意到，不管中国外派人员在德国企业中担任何种职务，同一时间外派的总人数是很有限的。人们可能会说由于中国管理人缺乏技能，保留德国现有管理团队是唯一的选择。另外一种更有意思的理论也可能解释这种现象：根据一份全球信任调查的结果，中国人相较其他国家的人更加容易相信别人（图45）。这其实也符合中国传统管理哲学。宋代欧阳修在《论任人之体不可疑札子》中曾写道："任人之道，要在不疑。宁可艰于择人，不可轻任而不信。"

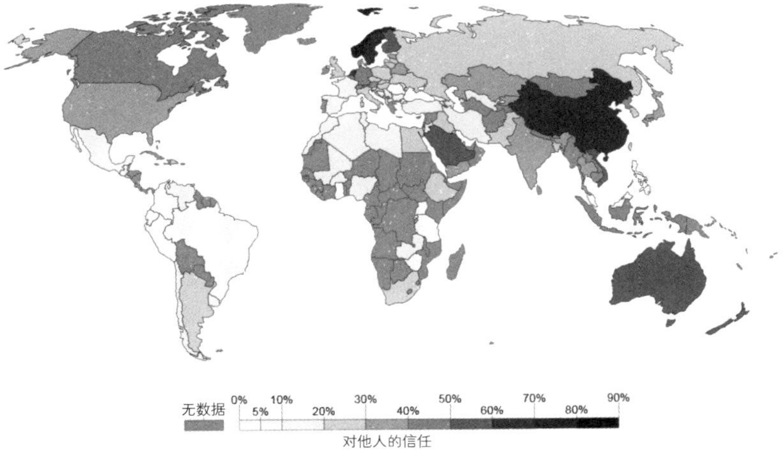

资料来源：全球信任调查

图45：信任指数—世界价值观调查（相信"大部分人都值得被信任"这一说法的人数）

III. 整合与转型

中国投资者对于被收购企业的管理常常采用"轻触"的手段，对于整合和转型都采取相对宽容和耐心的态度。与此同时，中国投资者对被收购企业的管理团队赋予重望，希望他们在整合过程中起到重要作用。

在进行调研前，作者猜测中国投资者会积极寻求将分布在不同大陆的分子公司紧密联结起来。但通过分析这三个案例我们看到了一个不同版本的故事。相比刻意强调整合，中国投资者更愿意无为而治。但是无为而治不等于放任不管。

"诚实是最好的策略。"

——本杰明·富兰克林

这句名言印证了中国投资者的想法：如果我不知道怎么做，我就要承认并且让知道的人来做。我们调研的三个案例证明了量材而用的做法是成功的。上工申贝和均胜电子的市值增长和对股东回报远超同行业企业，而中集集团仅用了三年时间就让一家破产的公司扭亏为盈。

并购后整合可以大致分成三个阶段。经验显示，营收增长对长期价值创造至关重要。控制降低成本是整合中的必经之路，但是收益是有限的。战略转型通常在完成并购的三年后发生，主要关注变更管理，以及营收增长战略，尤其是基于有效创新的营收增长（图46）。

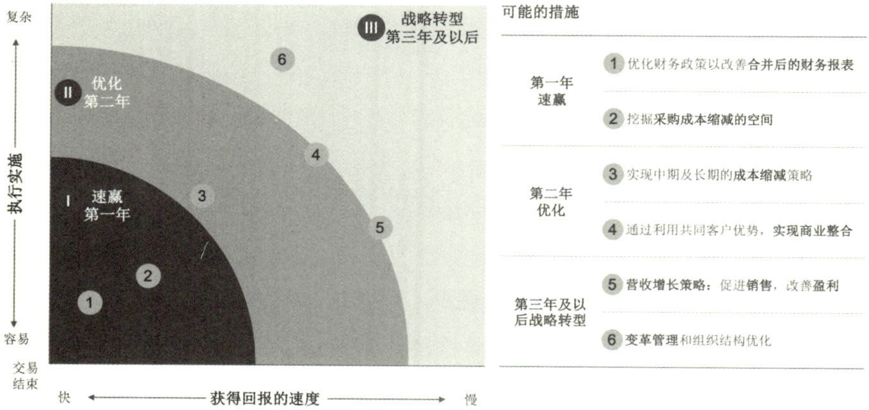

资料来源：西蒙顾和，KPMG

图46：并购后整合路线图

我们案例分析中涉及的中国投资者或多或少都完成了第一阶段“快速制胜”和第二阶段“优化”，正在经历第三阶段“战略转型”，即德国被收购公司在中国投资者的支持下通过开发新产品，寻找新客户来实现新的商业机会。与此同时，组织优化和转型也在同步推进。

M系列工业缝纫机是DA不断努力创新的缩影。在大股东上工申贝的支持下，DA即使在世界金融危机最困难的时期也没有放弃对新产品的研发。也正是因为有着一份坚持，DA才能够在全世界范围长期保持技术领先地位。进入工业4.0时代，DA又成功研发了先进的基于物联网的管理系统Qondac 4.0。这项广受好评的新技术刚面世就一举赢得了2017年法兰克福国际纺织品及柔性材料缝制加工展览会（Texprocess）的创新大奖。Qondac 4.0的一项吸引人的特性在于其兼容性，也就是说这个管理系统可以运用在所有品牌的缝纫机设备网络上，而不仅限于DA或者上工自用品牌。这项创新将会把DA和整个缝纫机行业带入一个全新的发展领域。

从组织结构上来说，DA和上工欧洲几乎是一体的。上工欧洲是上工2004年在德国设立的一个控股平台公司，用来作为收购DA的投资主体。直到2013年，DA都是其唯一的一家子公司。在先后成功收购了百福和KSL之后，上工欧洲的职责也发生了相应的调整，它不再是一个单纯的控股平台，而需要担负起更多协调管理集团缝纫机业务的职责。

德国普瑞过去专注于欧洲市场，在被均胜电子收购后则加快了拓展中国市场汽车主机厂的步伐。中国投资者在收购时给中国业务提出了年平均两位数增长的期望。当时德国普瑞的管理团队以为中国投资者是在开玩笑。要知道，这么高的增长率在欧洲市场是闻所未闻的。但收购后普瑞在中国市场的发展轨迹与均胜电子当初提出的设想几乎如出一辙。

电池管理系统（BMS）原是德国普瑞下属的一个子业务单位。一些知名的汽车品牌如宝马和戴姆勒在它们的电动汽车上都使用了普瑞研发的产品。均胜电子管理层判断未来几年中国电动车将迎来一个爆发式增长的阶段，会大大刺激对电池管理系统的需求。有鉴于此，均胜电子管理层说服德国普瑞将这电池管理系统单列成为一个战略业务部分，并相应地投入更多资源来加快这块业务在中国市场的布局和发展。

同其他中国投资者一样，均胜电子基本保留了普瑞原有的管理团队。这个管理团队不仅在普瑞的整合中发挥了积极作用，而且在均胜电子之后的并购活动（如Innoventis、IMA和Evena）中也起到了重要作用。不难想象如果当初收购普瑞的是一家来自发达国家的成熟的企业，普瑞管理团队的境遇将大不相同。

虽然齐格勒是三个案例中最晚被收购的，但它整合和转型的速度很快，在母公司中集集团的支持下迅速挖掘销售的潜力。中集集团的优势在于本身已经是国际化做得比较好的企业，海内外的客户网络基础很好，可以帮助齐格勒在其传统核心市场的欧洲外开拓其他国家地区的客户。尤其是中国市场，齐格勒过去在中国基本上没有什么业务，未来的增长潜力巨大。齐格勒与兄弟公司四川川消的合作还处在初步阶段，还有很大的想象空间。借助中集集团的全球网络，齐格勒赢得海外大客户的机会也大大增加。

被收购企业的营收增长路径可以可以有三种不同的方式（图47）。

- 方式A：利用企业现有优势和产品线开拓新客户群。齐格勒是一个典型的例子，它利用中集集团的网络在中国销售现有的产品。
- 方式B：与方式A正好相反，是将新产品销售给现有客户。这个方式的客户获取成本是最低的，因为之前就已经有业务往来。均胜电子在收购德国普瑞就一直给上海大众供货，在收购德国普瑞后，它得以向原有客户提供附加值更高的电子零部件。
- 方式C：最有挑战性的方式，这意味着公司将完全离开自己的舒适

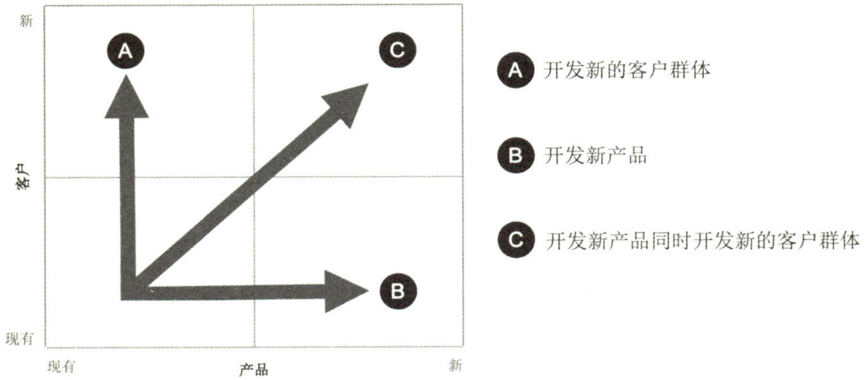

资料来源：西蒙顾和

图47：营收增长方式

区，同时应对新客户和新产品。DA最新的创新Qondac 4.0是符合方式C类型的营收增长措施。在本文撰写时，Qondac 4.0还未正式投入商用。

我们和受访者讨论了他们在整合过程中遇到的困难。大家的共识是文化和语言障碍的确存在，但绝不能作为企业整合失败的理由。他们的经验证明，只要中德双方对于企业未来的发展目标能够达成共识，双方就可以顺利合作。在这个过程中保持开放的心态非常重要，这是双方信任的基础。随着时间的推移，中德双方的团队可以更好地理解对方的做法。一方面，德国人开始明白中国人不是毫无原则地“灵活”，很多时候的“灵活”是出于对“顾客至上”原则的尊重；另一方面，中国人也渐渐可以接受并欣赏德国人的“严谨”和“刻板”，因为这是匠心使然。从均胜电子和德国普瑞的案例中我们可以看到，均胜电子宁波总部从德国普瑞嫁接了一些“很德国”的做法，例如每年的预算审批流程和提前安排会议日程等。

尽管如此，中德双方在整合中还是会遇到些比较难以调和的挑战。例如中德双方对于市场的反应速度和理念非常不同。一般来说，中国企业研发新产品及实现量产的速度会比德国公司快很多。一方面，德国公司倾向于在控制和检验等方面花费更多时间，确保万无一失，有时在中国人看来可能没有必要。此外，德国员工额定的工作时间短，法定假期多。在中国，员工们更有可能因为对未来激励的期待，把自己的私人生活放在次要位置，首先满足工作需要。

我们审阅了近年在德国发生的中国企业主导的并购案例，发现大部分中国投资者对管理团队的整合都持谨慎态度。在现阶段，他们不太愿意从中国派遣职业经理人去德国子公司。我们的采访也显示，中国投资者至少在近期内不会改变这种“德人治德”的管理模式。他们愿意让最合适的人来管理公司。驻德的中国经理人多数情况下是发挥协调人的作用，并不直接参与公司经营。此外，目前德国经理人被派往中国的例子也很少见。

与此相反的是，我们观察到中德双方在技术层面的交流和整合非常常见。无论是在中国还是在德国，中国和德国工程师会在同一个项目上协同合作。另外，我们所知的很多德国子公司都会为来自中国母公司的技术人员提供专门的培训。我们采访的德国经理人认为中国投资者在企业并购中只追求获得高端技术，之后就会对收购的公司不管不顾的说法是站不住脚的。他们认为在当今日新月异的世界里，技术革新迭代的速度越来越快。对于被收购的公司来说，技术分享可以在短暂的产品生命周期内创造更多价值。由此，中德分享或者一起开发新技术对于双方来说都是有益的。

据我们了解，中国投资者在收购后无一例外地保留了德国品牌，这也包括几乎所有未被写入本书的并购案例。目前人们还是倾向于将“中国制造”和低成本、低品质联系在一起，而“德国制造”通常意味着高质量。正因为如此，中国投资者通常会保留两条不同的产品线，即德国的高端品牌和中国的大众品牌。但这样的安排或许也会随着时间的变化而发生变化。“德国制造”这个标签的荣耀也不是与生俱来的。当英国在1887年通过商标法（Merchandise Marks Act）要求所有的德国进口产品都要贴上“德国制造”的标签时，意图是提醒民众要小心德国产品质量的低劣。但时过境迁，经过上百年潜心打造的“德国制造”标签早已成为高品质的保证和代名词。

IV. 增长措施

西蒙教授认为，只有国际化的公司才会在未来获取成功。根据他对德国公司的研究，隐形冠军在追求全球化增长和市场领导力方面有着极大的野心。这样的野心在德国的中国投资者身上也可以看到。

不管中国投资者在并购前有着什么样的计划，他们对德国的子公司都有着雄心勃勃的增长计划。如上文所述，均胜电子在收购德国普瑞后计划在中国实现两位数的增长，也就是在五年后实现十亿人民币的销售额。这是一个大胆的目标，但最终还是实现了。齐格勒在2016年制订了其五年计划，也计划在未来五年实现两位数的增长。2016年DA的控股公司上工欧洲也制订了正式的着力于市场营销战略的五年规划。按照规划，五年后它将取代日本重机成为工业缝纫机行业的领头羊。目前，日本重机的销售额大约是上工的三倍。

这些计划有一个相似的地方，就是对营收增长的重视。增长或通过新产品，或通过新客户，或者两者结合实现。我们还注意到案例中的企业不仅仅将目光局限于中国和德国，而是瞄准更广阔的世界。上工申贝和DA一同发展新产品谋求在东南亚市场的发展；均胜电子和德国普瑞在重要的市场携手服务关键客户；而齐格勒则借助中集集团的全球网络获取新项目。通过资源整合优化，不仅中国投资者获得了转型升级的价值创造通道，被收购的德国企业也焕发出了新的活力。

写在最后

世上没有万能药，在并购完成后，每一家企业都需要寻找适合的发展路线。通过对最新一些案例的分析我们发现了一些共性。首先，中国投资者有一个有别于其他国家投资者的独特之处，就是长期投资的理念。他们有耐心、有决心也有意愿和被收购的公司一起成长。他们愿意保留对客户和市场以及其他利益相关人更为了解的原有管理团队。他们为被收购企业设定宏远的全球增长和市场领先地位的目标。他们不急于为整合而整合，而是更愿意在合适的时间把合适的人放在合适的岗位。目前中国企业还普遍缺乏具备全面管理一家海外公司能力的人才，外派的中国人员大多负责财务和内控等方面的工作。与此同时，我们也注意到随着中德两国关系变得紧密，很多有中国投资的德国公司开始雇用德国大学毕业的中国人。在可以预见的将来，这些人才对促进中德企业的整合和转型将做出重大贡献。

并购完成后中方和德方开展紧密的技术合作。很多企业都会采用联合团队进行产品研发。此外，中国投资者热衷于在投后对持有的德国品牌进行持续投资和发展，而德国品牌可以帮助中国投资者在中国等新兴市场获得价格溢价。和一些人担心的不同，被收购的德国企业并不担心中国母公司会偷走德国的技术。技术共享对合作来说都是非常有益的。有很多最近中国投资德国企业的案例都可以支持我们的这个观点：研发职能和高端产品的制造依然保留在德国，而部分低附加值产品的生产则转向中国等低成本国家进行。

中国的经济出现放缓的趋势，消费和服务业将在经济部门占据越来越大的比重。尽管一些低端低成本制造业已经逐步转移到成本更低的东南亚，但制造业作为立国之本在可预见的未来仍然将是中国经济重要的支柱。尽管从全球范围来看，中国经济还是保持了较高的增速，但为了应对国内放缓的增长，中国企业在海内外积极寻找能够承托未来开展的并购标的。一方面，国内中小企业经过一轮整合后的合适的标的数量减少，另一方面，国内可能被并购的企业往往更倾向于独立上市或者对收购估值期望过高。相对的价值差距也使得中国投资者将目光投向海外寻找投资机会。中国政府开展了一系列促进国内外投资活动的政策和措施。中国的“一带一路”倡议旨在通过完善道路、铁路和港口等基础设施，促进欧洲和亚洲的贸易交流。“中国制造2025”旨在通过技术革新和创新，将中国制造向上游提升。这样一来，各类中国企业都开始在海外寻找投资机会。不仅国有企业和私营企业，私募股权投资等其他投资公司也参与了海外并购。这股海外并购的浪潮引起了中国相关部门的重视，出台了一系列政策和管理规定来规范海外投资，以避免投机行为。

我们以对未来中国在德国进行海外投资的趋势预测来结束本书：

- 私营和国有企业都会继续积极在德国寻找并购标的。
- 财务投资者将更加活跃，与实体企业竞争高质量的标的公司，但财务投资者可能并不谋求控股。
- 中国投资者会继续面临反全球化的挑战。
- 德国政府或进一步收紧对敏感行业的投资管控。
- 工业4.0和高端消费品类业务会是投资热门。
- 中国投资者将继续“以德人治德”的管理方式。
- 中德双方的协同创新能力和开拓新业务的能力将成为下阶段企业整合转型的关键。
- 随着海外并购进入深水区，部分中国投资者会转向对德国及欧洲的绿地投资。

参考文献

除图表中已标出的资料来源外，作者在撰写本书过程中还参考了以下资料。或有部分来自互联网，但缺少明确资料来源的引用不在此列。

Baums，D. Corporate Governance in Germany—System and Current Developments

Deloitte，2014. A New Stage for Overseas Expansion of China's Equipment Manufacturing Industry

Destatis，2016. Export by country

EY，2016. Chinesische Unternehmenskäufe in Europa—Eine Analyse von M&A-Deals 2005 - 2016

Invest in China，2016. Foreign Direct Investment Statistics

Liu，Y.，& Woywode，M.，2013. Light-touch integration of Chinese cross-border M&A: The influences of culture and absorptive capacity. Thunderbird International Business Review，55，469-483.

JP Morgen，2016. China’s Increasing Outbound M&A

Kale，P.，Singh，H.，& Raman，A. P.，2009. Don’t integrate your acquisitions，partner with them. Harvard Business Review，87（12），87.

M&A Dialogue. M&A China—Deutschland，diverse editions from 2013 through 2016

MERICS，2016. Chinese investment in Europe. Mercator Institute for China Studies.

Mofcom，2017. Chinese Outbound Foreign Direct Investment

PwC.de，various reports on Sino-German cross-border transactions

Simon，H.，2012. Hidden Champions-Aufbruch nach Globalia: Die Erfolgsstrategien unbekannter Weltmarktführer

Thompson Reuter，2016. Mergers & Acquisitions Review

鸣　谢

特此感谢本书学术指导西蒙顾和管理咨询公司荣誉主席赫尔曼·西蒙教授，他在全球化和隐形冠军等方面的研究给我们撰写本书带来很大启发。

特此感谢上工申贝集团、均胜电子、中集集团参与本次调研，提供宝贵的一手资料。

特此鸣谢上工申贝集团和上工欧洲管理层，尤其是张敏先生、郑莹女士、Dietrich Eickhoff先生和Michael Kilian先生。

特此鸣谢均胜集团董事长王剑峰先生、副总裁郭志明先生及普瑞公司首席供应链执行官蔡正欣先生。

特此鸣谢中集集团和齐格勒的管理层，尤其是齐格勒集团首席执行官栾有钧先生。

特此感谢三位来自业界和专业机构的中德并购专家潍柴动力孙少军博士、普华永道王炜先生以及欧亚咨询张焕平先生生分享他们关于中国企业跨境并购的洞察。

西蒙顾和管理咨询公司尹宇阳、王子然，中国国际投资促进中心（德国）梁双麟、冯宇轩、左威对本书亦有贡献。

同时，本书出版得到开元周游集团以及致同会计事务所的大力支持，特此致谢！